工薪族 稳健理财 手册：

曾 增◎编著

基金+组合基金投资技巧

中国铁道出版社有限公司
CHINA RAILWAY PUBLISHING HOUSE CO., LTD.

内 容 简 介

本书是专门针对工薪族的理财书籍，将理论知识与实例相结合，讲解了基金投资与基金组合构建的相关知识。

全书共七章，从工薪族的理财需求出发，深入浅出地介绍了基金投资基础知识、如何通过基金增加非工资收入及如何挑选适合自己的基金产品。书中对基金组合投资进行重点讲解，介绍适合工薪一族的基金组合方案，包括稳健基金组合、进阶基金组合、闲置资金组合方案等。

本书的读者对象主要包括初入职场的年轻人、收入稳定的白领、有一定积蓄的家庭及其他有投资理财需求的人群。

图书在版编目（CIP）数据

工薪族稳健理财手册：基金＋组合基金投资技巧 / 曾增
编著 . —北京：中国铁道出版社有限公司，2022.3
ISBN 978-7-113-28594-4

Ⅰ. ①工… Ⅱ. ①曾… Ⅲ. ①基金-投资-基本知识
Ⅳ. ①F830.59

中国版本图书馆 CIP 数据核字（2021）第 242499 号

书　　名：工薪族稳健理财手册：基金＋组合基金投资技巧
　　　　　GONGXINZU WENJIAN LICAI SHOUCE: JIJIN + ZUHE JIJIN TOUZI JIQIAO
作　　者：曾　增

责任编辑：张亚慧　　　编辑部电话：（010）51873035　　　邮箱：lampard@vip. 163. com
封面设计：宿　萌
责任校对：孙　玫
责任印制：赵星辰

出版发行：中国铁道出版社有限公司（100054，北京市西城区右安门西街 8 号）
印　　刷：三河市兴达印务有限公司
版　　次：2022 年 3 月第 1 版　2022 年 3 月第 1 次印刷
开　　本：700 mm×1 000 mm 1/16　印张：13.75　字数：187 千
书　　号：ISBN 978-7-113-28594-4
定　　价：69.00 元

前言

作为一个普通的工薪族，每月最开心的时刻莫过于发工资的日子，这意味着又有资金进账。工资收入是自己辛苦所得，如果想除去消费支出外，还能理出一笔资金存储，就要想办法通过投资理财来让资产保值、增值。那么，工薪族在理财的过程中，又有哪些需求呢？

①要省心省力。

②要方便快捷。

③投资门槛要低。

④操作简单易上手。

⑤要能实现个性化的理财目标。

⑥长远来看，要让辛苦钱能增值。

从工薪族的理财需求来看，基金是很适合工薪族的。基金产品丰富多样，不需要工薪族每天去研究各种指标、数据，能满足不同工薪族人群稳健理财的需要。

那么工薪族理财者要如何进行基金投资，选择靠谱的基金产品，构建适合自己的基金投资组合呢？为了解决这些理财问题，笔者编写了本书。

全书共七章，可大致划分为三部分。

◆ 第一部分为第 1～3 章，主要介绍从认识基金、基金理财到筛选基金的全过程，包括基金收益和费用、如何选择基金购买渠道、如何储蓄投资资金、怎样做基金定投及如何挑选适合自己的基金产品，为稳健理财打下基础。

◆ 第二部分为第 4～6 章，主要介绍基金组合投资的具体方法，包括基金组合的基本原则、基金组合的几种方式、基金组合投资怎么做、如何构建稳健基金组合和进阶基金组合，帮助读者通过基金组合来做更稳妥的投资。

◆ 第三部分为第 7 章，主要介绍基金投资的技巧，包括投资风险防范、闲置资金投资组合策略、不同人群如何构建基金组合及规避基金投资的误区。

本书的优势在于结合工薪族稳健理财的实际需求，通过理财实例来讲解基金理财的投资思路和实用技巧，并通过表格、图示降低读者阅读枯燥感，让读者能更轻松地学习书中的知识。

该书适合不同类型的工薪族人群，包括职场新人、拿固定薪资的上班族，有养老规划、子女教育金储蓄、购房购车需求的工薪一族。

最后，希望所有读者都能对书中的内容学以致用，运用基金和基金组合实现个人理财目标。

编　者

2021 年 12 月

目录

第 1 章　初识基金，稳健理财从这里开始

在互联网时代，投资理财的方式逐渐便捷化、多样化，越来越多的工薪族有了投资理财的意识。对工薪族而言，由于时间、精力有限，需要更加省时、省心的理财方式来帮助自己做稳健投资。投资基金就是适合工薪族的一种理财方式。

第 2 章　基金理财，增加个人非工资收入

对基金有了基本的认识后，就可以利用基金投资理财了。基金的购买渠道有很多，找到适合自己的购买渠道，更能方便、快捷地买到心仪的基金产品。另外，做基金投资没有资金是不行的，工薪族还需要了解自身的收支状况，通过财务规划为自己积累资金。

第3章　挑选基金，上班族靠谱买基金

不同类型的基金，其风险和收益都不同。在购买基金前，工薪族要对自身的理财需求、风险承受能力有充分了解，从而挑选到适合自己的基金产品。

第4章　基金组合，适合工薪族的投资策略

不同类型的基金按风险大小排序，由低到高分别为货币型、债券型、混合型、股票型。投资者可根据自身理财需求，将不同风险的基金组合配置，能有效分散风险，即使遇到极端市场情况时，也能更好地应对。

第 5 章　稳健策略，定好组合方案稳收益

对稳健型投资者而言，他们更追求收益的稳定性，投资策略相对保守。如何在控制风险的情况下，尽可能争取高收益成了关键，实现资产的稳健增值是此类投资者普遍关注的重点。

第6章　进阶策略，长期向上收益组合怎么配

　　每位工薪族可接受的风险程度都是不同的，基金组合的配置也会有差异。对风险承受能力较高的投资者而言，可以用进阶组合策略来为自己争取更为丰厚的投资回报。

第 7 章　技能提升，基金投资进阶技巧掌握

　　在进行基金投资的过程中，还有很多技巧需要投资者掌握。这些技巧可以帮助投资者合理控制投资风险，更好地构建基金组合，规避基金投资的误区。本章将结合不同理财需求人群的情况，来看看基金投资过程中的一些实用技巧。

第1章

初识基金，稳健理财从这里开始

在互联网时代，投资理财的方式逐渐便捷化、多样化，越来越多的工薪族有了投资理财的意识。对工薪族而言，由于时间、精力有限，需要更加省时、省心的理财方式来帮助自己做稳健投资。投资基金就是适合工薪族的一种理财方式。

1.1　基金小白入门指南

在众多理财产品中，基金是初次尝试投资理财的人的不二之选。大部分工薪族都希望通过基金理财来增长自身的"财富水池"，但是苦于对基金投资不了解，而不敢走近基金市场。下面就来看看什么是基金。

1.1.1　基金的概念与特点

通常所说的基金又被称为证券投资基金。它是一种间接投资工具，其本质是将众多投资者的资金凑在一起，然后将这笔钱交由基金托管人托管，基金管理人进行管理，投资者按投资比例共享收益、共担风险。简单来讲就是集合投资、利益共享、风险共担。

以非公开方式向投资者募集资金设立的投资基金就是私募基金，只面向少数合格投资者。面向公众公开发行，其运营受主管部门更多监管和制度约束的就是公募基金，也就是人们口中常说的"基金"。没有特殊说明，本书下面所说的基金都指的是公募基金。

在实际投资过程中，投资者是基金份额持有人，即出资人；基金托管人一般为商业银行或其他非银行金融机构；基金管理人是募集和管理基金产品的机构，一般为基金管理公司。三者具有如图 1-1 所示的关系。

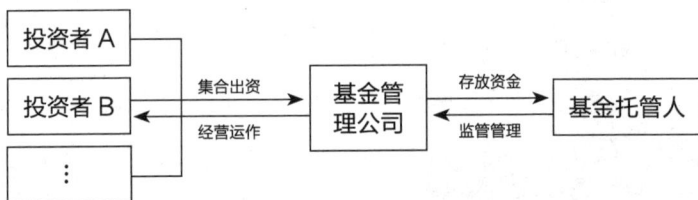

图 1-1　投资者、基金托管人、基金管理公司三者的关系

从基金的概念可以看出，基金面对的是大众投资者，由专业的基金管理者进行投资管理，具有以下特点。

专业理财。基金的管理人通常是基金管理公司，他们负责管理募集的资金，向投资者分配收益。在基金管理公司中，有很多专业的投资专家负责管理基金，这些人被称为基金经理。基金经理会运用专业的知识和丰富的经验去决定基金的投资决策，帮助投资者尽可能地获取收益，这使得基金具有专业理财的特征。

资金安全。基金财产由专门的基金托管人进行管理。我国规定基金托管人由依法设立的商业银行或者其他金融机构担任。也就是说只有满足基金托管人资格的金融机构才能担任基金托管人，这有利于保障投资者的利益。

分散风险。基金在运作过程中不会把所有资金都投资于一种金融产品，而会采用组合投资的方式。这种投资方式不把所有资金都投放在一个篮子里，可以分散投资的风险。

组合投资。基金集中了众多投资者的资金，这使得基金表现出组合投资的特征。投资者作为基金的所有者，按投资比例分享基金收益，同时也要共担风险。

信息透明。基金管理公司由监管部门进行严格监管，根据监管要求，基金管理公司还要定期进行信息披露，强制性的信息披露进一步保证了投资者的利益。

1.1.2　要懂的基金分类方式

基金有多种分类方式。在正式开始基金投资前，投资者有必要对基金的分类方式有基本的认识。

◆　按投资方向

按基金所投资的金融产品类别可将基金可分为货币基金、债券基金、股票基金、基金中基金和混合基金。对于基金的类别，《公开募集证券投资基金运作管理办法》有明确的规定。

仅投资于货币市场工具的，为货币市场基金；80%以上的基金资产投资于债券的，为债券基金；80%以上的基金资产投资于股票的，为股票基金；80%以上的基金资产投资于其他基金份额的，为基金中基金；投资于股票、债券、货币市场工具或其他基金份额，并且股票投资、债券投资、基金投资的比例不符合股票基金、债券基金、基金中基金规定的为混合基金。

◆ 按赎回方式

按赎回方式基金可分为两大类，分别是开放式基金和封闭式基金。开放式基金具有"开放"的特点，所谓开放是指基金份额总额不固定，在基金合同约定的场所和时间，投资者可以根据自身需求申购或赎回基金份额。随着投资者的申购或赎回操作，基金份额总额也会发生改变。封闭式基金在设立时就固定了基金份额总额和期限，基金募集期结束，基金就宣告成立后，新的投资者无法直接申购，基金持有人也不能赎回份额，但可上市交易。

理财贴士 *封闭式基金的交易*

封闭式基金的买卖方式与开放式基金有所不同。开放式基金可在基金合同约定的日期和时间向基金公司申购、赎回。封闭式基金发行结束后，投资者不能向基金公司申购、赎回，但可以委托证券公司通过证券交易所买卖。

◆ 按购买场所

按基金的购买场所可分为场内基金和场外基金。场内基金是在证券交易所买卖的基金，这里的证券交易所是指上海证券交易和深圳证券交易所。在证券交易所购买基金类似于二手市场买卖，这个市场又被称为二级市场。

场外基金是指在证券交易所以外的市场买卖基金，包括通过基金公司、银行以及其他第三方渠道申购或赎回基金。场外基金和场内基金的区别见表 1-1。

表 1-1 场内基金和场外基金的区别

区 别 项	场内基金	场外基金
基金类型	只能买卖特定种类的基金，如封闭式基金、少量特殊的开放式基金等	可以买卖的基金种类较多，包括市场上绝大多数开放式基金等
交易时间	与股票的交易时间一致	申购和赎回时间比较自由
交易方式	"买"和"卖"	"申购"和"赎回"
交易对象	其他投资者	基金管理公司
交易条件	投资者需要开立证券交易账户后才能购买	投资者有银行账户就能交易
交易价格	价格是实时变动的，成交价即为交易价格，成交价可能高于或低于基金净值	根据基金净值来确定申购或赎回的价格
交易门槛	每笔交易以 100 份起购	交易门槛要低于场内基金，有 0.01 元、1.00 元、100.00 元等起购金额

◆ 按投资理念

根据投资理念可分为主动型基金和被动型基金。主动型基金会主动寻求超越市场的业绩表现，容易被基金经理影响。被动型基金的投资目标是获得市场的平均收益，核心是跟踪指数表现，因此，又被称为指数基金。被动型基金没有太多的操盘空间，投资对象主要是特定指数成分股。

1.2 了解基金收益、费用和风险

基金的收益、费用和风险是投资者进行基金投资普遍关心的问题，这关系着基金投资的成本和回报。下面就来看看基金收益与费用的计算，以及投资基金面临哪些风险。

1.2.1 投资基金的收益回报

基金的收益回报与其投资的方向有关，总的来看，主要的投资收益有以下 3 种。

（1）利息收入

当基金投资于债券、银行存款、商业本票等金融产品时，就会产生利息收入。以债券型基金为例，其 80% 以上的基金资产都会投资于债券，这时就会获得投资国债、企业债等债券产生的利息收入。对开放式基金而言，由于基金持有人可能随时赎回基金，为应对赎回风险，基金公司不得不存一部分资金在银行，基金资产储蓄在银行也会产生利息。

图 1-2 为两只货币基金的投资分布。从其投资范围可以看出，该基金产品大量投资了债券和银行存款，若投资者投资该基金，其投资收益很大部分会来源于利息收入。

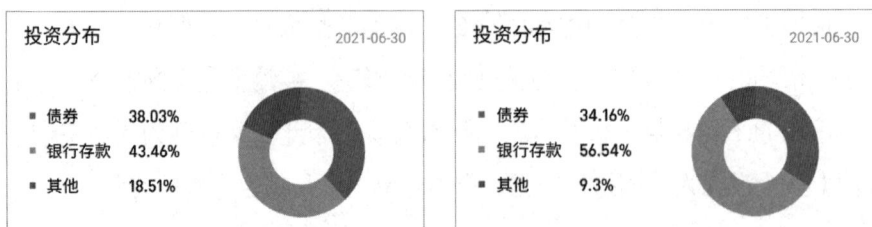

投资分布	2021-06-30
■ 债券	38.03%
■ 银行存款	43.46%
■ 其他	18.51%

投资分布	2021-06-30
■ 债券	34.16%
■ 银行存款	56.54%
■ 其他	9.3%

图 1-2 货币型基金投资分布

（2）股利收入

股利是上市公司向股东分配的利润，若基金的投资方向有股票，那么在基金运作过程中，股利收入也会是基金收益来源之一。图1-3为一只股票型基金的投资分布和重仓持股，可以看出80%以上的基金资产投资了股票。如果基金持仓的股票派发了股利，投资收益中就会包含股利收入。

投资分布		2021-06-30
■ 股票	89.77%	
■ 银行存款	7.06%	
■ 其他	3.17%	

重仓持股		2021-06-30
股票名称	涨跌幅	占净值比例
宁德时代 300750	+0.40%	9.78%
晶盛机电 300316	−0.65%	5.90%
天赐材料 002709	+10.00%	5.83%

图 1-3　股票型基金投资分布

（3）资本利得

资本利得是基金买卖证券获得的价差收入。以买卖股票为例，基金资产在一只股票价格下跌时购入该股票，再在该股票上涨时卖出该股票，这时就可以获得低买高卖的价差，所获得的价差就是资本利得。

以上投资收益会包含在基金单位资产净值中，基金获利时会产生红利，基金公司再按相关规定和基金契约将红利分配给投资者，这一过程被称为分红。基金的分红方式有两种，一是现金分红，二是红利再投资。

现金分红。所谓现金分红是指在分红发放日，将基金收益以现金形式发放给投资者。

红利再投资。红利再投资是指在分红发放日，将红利用于购买该基金，使红利转化为相应的基金份额。

部分基金支持持有人自主选择适合自己的分红方式，若持有人希望将现金分红转为红利再投资，可以通过销售网点、基金公司网站或第三方交易系统变更基金收益分配方式。图 1-4 为一只基金 2019 年的分红送配详情。

○ 分红送配详情　　按报告期

年份	权益登记日	除息日	每份分红	分红发放日
2019年	2019-06-19	2019-06-19	每份派现金0.1560元	2019-06-20

图 1-4　基金分红送配详情

不是所有的基金都会分红，基金分红要满足一定的先决条件，一般而言需满足以下三点：

①基金当年收益弥补往年亏损后还有可分配的收益。

②基金收益分配后单位净值不低于面值。

③基金投资当期没有出现净亏损，若当期出现净亏损则不能进行分配。

基金分红除要满足以上条件外，还要按照基金招募说明书的收益分配原则来进行。图 1-5 为某基金的收益分配原则。

（三）基金收益分配原则

1. 在符合有关基金分红条件的前提下，本基金每年收益分配次数最多为 4 次，每次分配比例不得低于收益分配基准日可供分配利润的 20%，若《基金合同》生效不满 3 个月可不进行收益分配；

2. 本基金收益分配方式分两种：现金分红与红利再投资，投资者可选择现金红利或将现金红利自动转为基金份额进行再投资；若投资者不选择，本基金默认的收益分配方式是现金分红；如投资者在不同销售机构选择的分红方式不同，基金注册登记机构将以投资者最后一次选择的分红方式为准；

3. 基金收益分配后基金份额净值不能低于面值，即基金收益分配基准日的基金份额净值减去每单位基金份额收益分配金额后不能低于面值；

4. 每一基金份额享有同等分配权；

5. 法律法规或监管机关另有规定的，从其规定。

图 1-5　基金收益分配原则

1.2.2　购买基金涉及的费用

基金的购买方式主要有两种，一种是认购，另一种是申购，两种方式涉及的费用会有所不同。

◆　认购

认购是指投资者在基金首次募集期内购买基金，认购所支付的手续费为认购费，计算公式如下所示。

认购费用 = 认购金额 × 认购费率

净认购金额 = 认购金额 - 认购费用

◆　申购

申购是指在基金成立后购买开放式基金的行为，申购费的计算公式如下所示。

申购费用 = 申购金额 × 申购费率

净申购金额 = 申购金额 - 申购费用

上述两种算法为基金内扣法的计算公式，另一种计算基金认购 / 申购费用的方法为外扣法。以申购为例，外扣法的计算公式如下所示。

净申购金额 = 申购金额 ÷（1+ 申购费率）

申购费用 = 申购金额 - 净申购金额

申购份额 = 净申购金额 ÷ 申购当日基金份额净值

采用外扣法时，基金认购份额计算方式有所不同，外扣法下基金认购份额的计算方式如下所示。

认购份额 =（净认购金额 + 认购资金利息）÷ 基金份额发售面值

这两种计算方式，究竟哪种更有利于投资者呢？下面来看一个案例。

理财实例

内扣法和外扣法下的申购费用和份额

假设某投资者投资 10.00 万元申购基金，申购费率为 1.5%，假设申购当日基金份额净值为 1.50 元。

采用内扣法：

申购费用 ＝ 100 000.00×1.5% ＝ 1 500.00（元）

净申购金额 ＝ 100 000.00−1500.00 ＝ 98 500.00（元）

申购份额 ＝ 98 500.00÷1.50 ＝ 65 666.67（份）

采用外扣法：

净申购金额 ＝ 100 000.00÷(1+1.5%) ＝ 98 522.17（元）

申购费用 ＝ 100 000.00−98 522.17 ＝ 1 477.83（元）

申购份额 ＝ 98 522.17÷1.50 ＝ 65 681.45（份）

从上述计算结果可以看出，外扣法对投资者来说更有利。从保护投资者利益的角度出发，当下的基金都采用外扣法计算费用，但对内扣法还是要有一定的了解。

理财贴士 *认购费用为固定金额*

基金的认购费用也可能是固定金额。如某基金规定认购金额大于等于 500.00 万元时，认购费用为每笔人民币 1 000.00 元。

除购买基金会产生费用外，基金赎回也可能会产生一定的费用，基金赎回时产生的费用为赎回费，赎回费的计算公式如下所示。

赎回费用 ＝ 赎回份额 × 赎回日基金份额净值 × 赎回费率

赎回金额 ＝ 赎回份额 × 赎回日基金份额净值 − 赎回费用

基金的赎回费用与基金的持有期有关，一般按持有期递减。表 1−2 为某基金的赎回费率。

表 1-2　某基金赎回费率

持有期限	费　率
持有天数＜ 7 日	1.50%
7 ≤持有天数＜ 1 年	0.50%
1 年≤持有天数＜ 2 年	0.25%
持有天数≥ 2 年	0.00%
备注：一年 365 天，两年为 730 天，以此类推。	

　　基金运作过程中会产生两大主要的费用，分别是基金管理费和基金托管费。基金管理费是支付给基金管理人的费用，一般按基金资产净值计提，计算公式如下所示。

　　每日应计提的基金管理费＝前一日的基金资产净值 × 管理费年费率 ÷ 当年天数

　　基金托管费是支付给基金托管人的费用，同样按基金资产净值计提，其计算公式如下：

　　每日应计提的基金托管费＝前一日的基金资产净值 × 托管费年费率 ÷ 当年天数

　　基金管理费和基金托管费每日计算，逐日累计，定期支付。

理财贴士 *基金运作产生的其他费用*

　　基金运作过程中还可能产生除管理费、托管费外的其他费用，如《基金合同》生效后与基金相关的信息披露费用、基金的银行汇划费用、基金的证券交易费用以及其他可以在基金财产中列支的费用。

1.2.3 基金费用收费方式

在进行基金投资时，可以看到费率上有"前端"或"后端"的标识，这里前端和后端是指基金的两种收费模式。

前端收费是指在基金认（申）购时就需要支付认（申）费用。后端收费是指在购买基金时不支付费用，而是在投资者赎回基金时才收取费用。表 1-3 为某混合基金前端收费模式下的申购费率和赎回费率规定。

表 1-3　前端收费模式下的费率规定

类　　型	金额（*M*）	持有期限（*N*）	费　　率
申购费（前端）	0 ≤ *M* < 50.00 万元	—	1.50%
	50.00 万元≤ *M* < 200.00 万元	—	1.20%
	200.00 万元≤ *M* < 500.00 万元	—	0.80%
	500.00 万元≤ *M*	—	1 000.00 元 / 笔
赎回费	—	0 天≤ *N* < 7 天	1.50%
	—	7 天≤ *N* < 30 天	0.75%
	—	30 天≤ *N* < 365 天	0.50%
	—	365 天≤ *N* < 730 天	0.25%
	—	*N* ≥ 730 天	0.00%

采用前端收费时一般都会收取赎回费，但短期持有（如 7 天）后，赎回费率会大幅下降。采用后端收费时申购费率和赎回费率都会随着持有期的增长而降低，只不过降低的时间间隔会更为迟缓。表 1-4 为某混合基金后端收费模式下的费率规定。

表 1-4　后端收费模式下的费率规定

类　　型	持有期限（N）	费　　率
申购费（后端）	N < 365 天	2.00%
	365 天 ≤ N < 730 天	1.00%
	730 天 ≤ N < 1095 天	0.50%
	N ≥ 1095 天	0.00%
赎回费	N < 7 天	1.5%
	7 天 ≤ N < 30 天	0.75%
	30 天 ≤ N < 365 天	0.50%
	N ≥ 365 天	0.00%

从两种收费模式可以看出，后端收费鼓励投资者长期持有资金，如果持有的期限超过一定的年限，还可以免申购和赎回费率。

1.2.4　投资基金有哪些风险

第一次买基金，大多数投资者都会担心风险。投资基金确实存在一定的风险，了解这些潜在的风险，可以帮助我们更好地做好风险管理。

◆　市场风险

基金在运作过程中不可避免地要受到市场波动的影响，具体表现为基金投资收益的波动。市场风险是政治、经济、交易制度等环境因素对证券市场价格产生影响而形成的，有政策风险、利率风险、信用风险、经济周期波动风险和经营风险等。

政策风险。因国家宏观政策变化产生，如货币政策、财政政策等，政策的变化对行业甚至是整个市场都会产生影响。

利率风险。证券市场价格因市场利率波动而产生的风险，对债券型基金而言，受利率波动的影响会较大，因为利率会影响国债、企业债等债券的收益率。利率的影响因素有宏观经济环境、货币政策、国际经济形势等。

信用风险。信用风险是债券发行主体违约所产生的风险。其形成的原因有多种，如企业经营不善、内部管理问题等。

经济周期波动风险。随着经济周期的波动，证券市场行情也会变动，这种变动会带来一定的风险。

经营风险。上市公司的盈亏会受行业竞争、经营能力和内部管理等因素的影响，若基金所投资的上市公司经营不善，基金的投资收益水平也会受到影响。

◆ 管理风险

基金管理人的知识水平、管理能力、财务状况以及人员素质等因素都会影响基金的运作，进而影响基金的收益水平。另外，若基金管理人的管理手段、管理技术发生变化，也会导致基金投资收益波动。当基金管理人发生经营风险时，基金的投资收益将会受到较大影响。

◆ 流动性风险

流动性风险是一种综合性风险。基金管理人对流动性的管理能力、证券市场走势以及基金类型等因素都会影响流动性。以股票市场为例，基金管理人在对基金投资持仓进行调整时，受个股市场流动性的影响，可能无法按预期价格及时买进或卖出股票，这时就会产生流动性风险。

◆ 特有风险

基金类型不同，特有风险也会不同。基金的投资方向和运作模式都会影响基金的特有风险，比如一只股票型基金 95% 的基金资产都投资于国内依法上市的股票，其中，大部分基金资产投资了新经济主体相关股票，这时该基金就会面临新经济相关证券所具有的特有风险。

基金的特有风险需要投资者格外留意，一般在基金的招募说明书中都会说明基金的特有风险。图 1-6 为某基金的特有风险的部分说明。

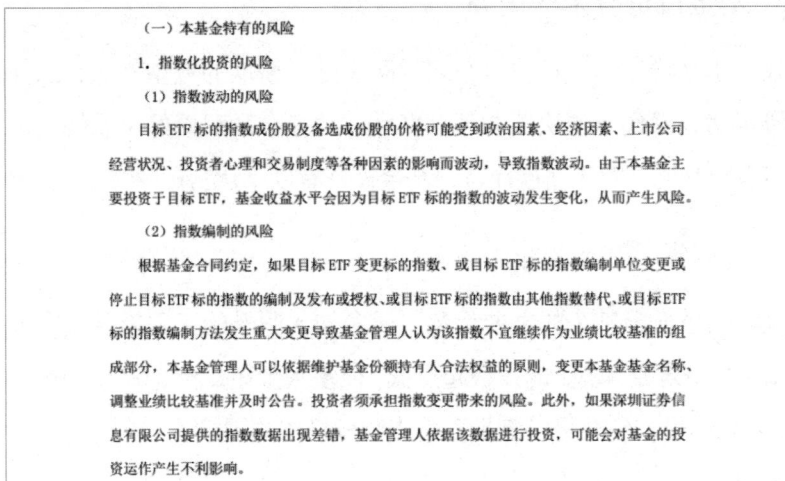

> **（一）本基金特有的风险**
>
> **1. 指数化投资的风险**
>
> **（1）指数波动的风险**
>
> 目标 ETF 标的指数成份股及备选成份股的价格可能受到政治因素、经济因素、上市公司经营状况、投资者心理和交易制度等各种因素的影响而波动，导致指数波动。由于本基金主要投资于目标 ETF，基金收益水平会因为目标 ETF 标的指数的波动发生变化，从而产生风险。
>
> **（2）指数编制的风险**
>
> 根据基金合同约定，如果目标 ETF 变更标的指数、或目标 ETF 标的指数编制单位变更或停止目标 ETF 标的指数的编制及发布或授权、或目标 ETF 标的指数由其他指数替代，或目标 ETF 标的指数编制方法发生重大变更导致基金管理人认为该指数不宜继续作为业绩比较基准的组成部分，本基金管理人可以依据维护基金份额持有人合法权益的原则，变更本基金基金名称、调整业绩比较基准并及时公告。投资者须承担指数变更带来的风险。此外，如果深圳证券信息有限公司提供的指数数据出现差错，基金管理人依据该数据进行投资，可能会对基金的投资运作产生不利影响。

图 1-6　基金的特有风险

◆ 其他风险

除以上几种主要的风险外，基金投资还存在其他风险，如以下几种。

①因技术因素而产生的风险，如电脑故障、系统出错。

②因战争、自然灾害等不可抗力因素而带来的风险，如因自然灾害导致基金管理人无法正常开展工作。

③因金融市场危机、代理商违约、基金托管人违约等超出基金管理人自身控制能力的因素而产生的风险。

1.3　基金为什么适合工薪族

说起投资理财，很多工薪族可能会简单地理解为将钱存在银行。实际上，市面上还有很多适合工薪族的理财产品，基金就是其中一种。那么基金为什么适合工薪族呢？下面一起来看看。

1.3.1　基金投资有哪些优势

收入水平稳定、工作忙、空闲时间少是工薪族的典型特点，因而更需要投资灵活、操作方便快捷的理财产品，而基金理财恰好可以解决工薪族的很多理财难题。对工薪族而言，基金投资有以下优势。

（1）投资门槛低

投资门槛低是基金的主要优势，很多初入职场的工薪族并没有太多的储蓄用于投资理财。基金的投资起点低，很多基金还支持 1.00 元、100.00 元、1 000.00 元起投，完全可以满足工薪族小额投资的需求。

对于闲置资金比较多的工薪族而言，也可以选择起投金额更高的基金产品，这使得投资者可以根据自身财力进行基金投资。

（2）选择面广

基金产品种类丰富，有货币基金、债券基金、股票基金等多种类型可以选择，即使是同一类型的基金，也有不同的产品可供投资者选择，丰富的资产类别给了投资者更广的选择面。图 1-7 为人气基金页面，基金产品有混合型、股票型、债券型等多种类型供投资者选择。

基金名称 基金代码 类型 币种 网站所知	最新净值 净值日期	累计净值	近1周	近1月	近3月	近6月	人气值
添富全球医疗人民币 004877 QDII 人民币 -	2.6970 2021-08-12	2.6970	-2.36%	-4.35%	33.99%	22.01%	8.22
前海开源公用事业 005669 股票型 人民币 -	3.0896 2021-08-13	3.0896	-2.53%	11.40%	98.27%	76.33%	68.58
信达新能源精选 012079 混合型 人民币 -	1.5439 2021-08-13	1.5439	-1.37%	14.72%	-	-	68.72
建信短债C 530028 债券型 人民币 -	1.0494 2021-08-13	1.0494	0.09%	0.54%	1.39%	2.40%	100.00
建信短债C 530028 债券型 人民币 -	1.0494 2021-08-13	1.0494	0.09%	0.54%	1.39%	2.40%	100.00

图 1-7　人气基金页面

（3）专家理财

基金由基金管理人进行运作。基金管理人拥有强大的信息网络、专业的投资研究员、专业的金融知识、丰富的经验，更能把握市场动态，运用先进的技术分析手段做出较为科学严谨的投资决策。

对缺乏投资理财知识、精力有限的工薪族来说，在进行投资操作时，常常会因为信息更新不及时、时间限制、专业知识掌握不够等原因，出现投资组合构建不合理的情况，将资金用于基金投资更能享受到专业化的理财服务，也更省时省心。

（4）流动性强

基金是流动性较强的一种理财产品，购买开放式基金的投资者可以随时进行赎回操作，购买封闭式基金的投资者在封闭期无法赎回基金，但基金上市后，可通过二级市场买卖。另外，开放式基金为应对可能出现的大额资金赎回，也会将一部分基金资产投资于流动性较强的金融产品，部分基金的流动性堪比活期存款。

1.3.2　比较基金与债券产品

债券是安全性较高的投资工具，有国债、企业债、金融债等多种类型，国债风险低、收益稳定。基金也有多种类型，其中债券型基金的主要投资对象是固定收益类金融工具，也就是各类债券，因此，债券型基金同样具有风险较低、收益稳定的优势。

同样作为投资工具，债券基金相比债券更适合工薪族，下面从 3 个方面来进行说明。

流动性。债券是一种债券债务凭证，有兑付期限的限制，如果投资者急用钱，但债券没到兑付期限，投资者可选择转让债券或提前兑付，提前兑付需要支付一定的手续费，对投资者来说会损失一定的收益。开放式的债券基金可选择长期持有，也可以随时赎回，其流动性强。对工薪族来说，如果有随时使用资金的可能，选择债券型基金更为合适。

资金投向。债券是一种直接投资工具，债券基金是一种间接投资工具，投资债券基金相当于购买了一份组合式的金融产品，包括国债、地方政府债、央行票据、金融债等。投资债券基金可以利用专家理财的优势，实现债券的组合投资。单独进行债券投资并要实现投资组合的多样化，对投资者的要求会更高。

购买门槛。债券的购买门槛要高于债券基金，投资者要购买国债需要通过银行开设国债账户，投资公司债则需要通过证券公司开设证券账户。而投资债券基金，投资者只需拥有银行账户就可以通过各类基金购买渠道完成投资操作。

1.3.3　比较基金与股票

股票是股份公司发行的所有权凭证，其投资风险较大，收益与投资者自身能力有关。如果投资者不具备扎实的金融知识，贸然进入股票市场是不明智的选择。

股票投资需要投资者花费大量的精力去跟踪和研究，股票型基金80%以上的基金资产都用于投资股票，可以发挥组合投资、专家理财的优势，可以帮助投资者分散风险。

投资一只股票，投资者要承担的涨跌幅度会较大，以主板市场为例，一天的上涨和下跌幅度可高达10%。如果是创业板、科创板，一天的涨跌幅限制为20%。股票基金投资了几十只甚至上百只股票，其涨跌幅度不会像单只股票那么高。图1-8为建信高端医疗股票基金（004683）的净值走势图。

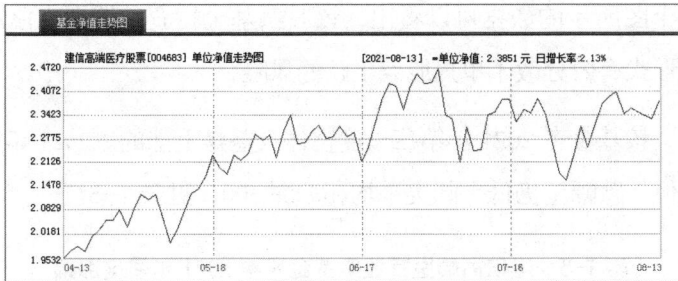

图 1-8　建信高端医疗股票基金净值走势

图 1-9 为建信高端医疗股票基金持仓前 10 的股票，可以看出持仓股票占净值比例。

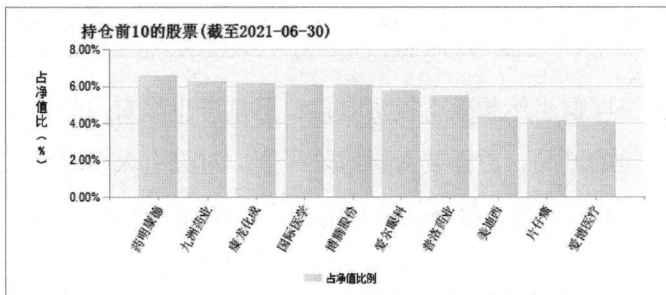

图 1-9　建信高端医疗股票基金持仓组合

图 1-10 为建信高端医疗股票基金 2021 年第二季度股票投资明细，可以看出持仓股票的涨跌情况。

序号	股票代码	股票名称	最新价	涨跌幅	相关资讯	占净值比例	持股数（万股）	持仓市值（万元）
1	603259	药明康德	137.13	-1.16%	变动详情 股吧 行情	6.58%	9.68	1,516.10
2	603456	九洲药业	47.28	-0.19%	变动详情 股吧 行情	6.29%	29.84	1,449.63
3	300759	康龙化成	205.04	-0.95%	变动详情 股吧 行情	6.18%	6.56	1,422.80
4	000516	国际医学	12.78	1.03%	变动详情 股吧 行情	6.09%	74.60	1,403.24
5	300363	博腾股份	96.02	-0.81%	变动详情 股吧 行情	6.09%	16.68	1,403.12
6	300015	爱尔眼科	53.83	1.68%	变动详情 股吧 行情	5.80%	18.83	1,336.29
7	000739	普洛药业	32.38	4.79%	变动详情 股吧 行情	5.50%	43.13	1,268.02
8	688202	美迪西	629.19	-0.72%	变动详情 股吧 行情	4.33%	1.92	997.22
9	600436	片仔癀	389.37	0.60%	变动详情 股吧 行情	4.15%	2.13	954.88
10	688050	爱博医疗	261.99	1.63%	变动详情 股吧 行情	4.10%	2.50	943.85

图 1-10　建信高端医疗股票基金 2021 年二季度股票投资明细

通过上图所示的数据可以看出，该股票基金持仓的股票有涨有跌，组合投资的形式有效分散了单只股票下跌的风险。

另外，该基金在 2021 年第二季度整体收益是上涨的。2021 年第一季度有下跌，但下跌幅度仍低于同类平均和沪深 300，见表 1-5。

表 1-5　建信高端医疗股票基金股票 2021 年季度涨幅

比　　较	2021 年第二季度	2021 年第一季度
阶段涨幅	22.85%	−1.61%
同类平均	10.80%	−2.38%
沪深 300	3.48%	−3.13%

进行投资理财当然想获得投资收益，但投资也是有风险的，特别是股票这种高风险的产品，更需要考虑风险平衡。对没有太多时间、精力去做股票研究的工薪族而言，投资股票基金会是较好的选择。

1.3.4　比较基金与期货、外汇

期货是以某种大宗商品或金融资产为标的物的标准化可交易合约。期货具有以下显著特点。

合约交易。期货交易买卖的是期货合约，期货合约为标准化合约，合约标的物可以是大豆、黄金等商品，也可以是股票、债券等金融工具。

交易方式。期货的交易方式与基金有很大的不同，大部分期货都在期货交易所交易，具有双向交易、保证金交易、做多做空机制的特点，这与基金相比有明显的不同。

①与基金只能先买后卖有所不同，期货可以先买进或先卖出合约，这种交易方式就是双向交易。

②基金交易是全额交易，期货为保证金交易，投资者只需交出一定金额的保证金作为担保就可以实现 100% 的交易。

③基金只有涨了才能获得投资收益，期货可以做多做空，即可以买涨也可以买跌。

外汇是指货币行政当局（中央银行、货币管理机构、外汇平准基金及财政部）以银行存款、财政国库券、长短期政府证券等形式保有的在国际收支逆差时可以使用的债权。

与期货投资一样，外汇投资也采用保证金交易制度，投资者可买涨买跌，并且没有交易时间的限制。期货和外汇投资的特点决定了这两种投资工具的高风险性，非专业投资者如果盲目跟风投资可能会面临无法承受的损失。

基金的投资风险远低于期货和外汇，一般的投资者也能参与其中，并且基金有专业的基金公司管理，有实力的金融机构负责资金托管。

1.3.5 比较基金与其他理财产品

金融市场中的理财产品除了债券、股票、外汇、期货，还有储蓄、黄金、保险等。这些理财产品的特点见表 1-6。

表 1-6 比较基金和其他理财产品

理财产品	特 点
基金	普通投资者也可参与，产品种类多，选择面广，风险有高有低，投资者可根据个人需求灵活选择
储蓄	指银行存款，投资风险小，收益较低，能够实现保本增值
银行理财产品	商业银行为客户提供的资金投资和管理计划，有低风险、中风险、高风险多种风险类型。部分产品保证收益，部分为保本浮动收益或非保本浮动收益。投资期限可分为短期、中期、长期，大部分产品流动性较差，若投资者提前终止合同，可能需要缴纳手续费，甚至会面临本金损失

理财产品	特　点
保险	主要提供保障功能，有重疾险、人寿保险、意外险等种类。部分理财型保险产品集保险保障与投资功能于一身，但投资期限一般较长，保障功能较弱
贵金属	投资标的为高价值金属，交易种类较多，有金银币、现货黄金、现货白银、黄金 T+D、纸黄金等。现货金银、黄金 T+D 为保证金交易、多空双向交易，投资风险大

1.4　基金理财答疑解惑

前面我们对基金和市面上的一些理财产品有了基本的认识，在初次进行基金投资理财的过程中，部分投资者还可能存在一些常见的困惑，接下来就针对这些常见的困惑进行讲解。

1.4.1　从名称识别基金类型

新手投资者在购买基金时，很多时候并不清楚自己购买的是何种类型的基金。实际上，从基金的名称就可以识别一只基金的类型。基金名称构成如图 1-11 所示。

图 1-11　基金名称构成

表 1-7 列举了一些基金的简称，通过这些简称就可以识别基金的类型。

表 1-7　从名称识别基金

基金简称	基金公司	投资方向	基金类型
嘉实新兴产业股票	嘉实基金管理公司	新兴产业	股票型
前海开源新经济灵活配置混合 A	前海开源基金管理公司	新经济	混合型
华安创业板 50 指数	华安基金管理公司	追踪创业板 50 指数	股票型（跟踪指数）
华商信用增强债券 C	华商基金管理公司	固定收益类品种	债券型
广发天天红货币 B	广发基金管理公司	货币市场工具	货币型

需要注意，部分理财平台在进行基金销售时，为了便于消费者记忆，会以其他名称来进行基金宣传，如余额宝、活期宝、现金管理、指数宝等，这些产品本质还是货币基金和指数基金。

一般在进入理财平台的基金购买页面后，都会显示基金的简称，这时就可以通过简称判断基金类型。图 1-12 为活期宝提供的基金种类，可以看出都为货币基金。

活期宝基金每日播报

基金代码	基金名称	日期	每万份收益(元)	7日年化收益率(%)	
004398	融通现金宝货币B	08-13	0.9461	2.24%	充值
009712	信达澳银慧管家货币B	08-13	0.7453	2.14%	充值
004717	万家天添宝货币A	08-13	0.7425	2.20%	充值
340005	兴全货币A	08-13	0.6886	2.24%	充值
020007	国泰货币A	08-13	0.6827	2.29%	充值
003474	南方天天利货币B	08-13	0.6606	2.42%	充值

图 1-12　活期宝基金种类

1.4.2　基金名称后的 ABC

在基金的名称后常常可以看到跟着 A、B、C 字母，如泰达转型机遇股票 A（000828）、工银新能源汽车混合 C（005940）、博时现金宝货币 B（000891）。这些字母有什么特殊含义呢？基金名称后的 A、B、C 有不同的含义，不同类型所代表的含义也会不同。

（1）货币型 A、B 类

货币型基金后面的 A、B 是区别基金起投门槛的标识。A 类的起投门槛较低，一般为 0.01 元、1.00 元 10.00 元或 100.00 元起投，如国泰货币 A（020007）首次购买、定投起点、追加都为 10.00 元，如图 1-13 所示。

○ 申购与赎回金额					
申购起点	10元	定投起点	10元	日累计申购限额	500.00万元
首次购买	10元	追加购买	10元	持仓上限	无限额
最小赎回份额	一份	部分赎回最低保留份额	一份		

图 1-13　国泰货币 A 起投门槛

B 类货币基金的起投门槛高于 A 类，主要针对大额投资者，有 5.00 万元、50.00 万元、500.00 万元等起投金额。B 类货币基金起投门槛较高，但会有服务费率优惠，如某货币基金针对 A 类和 B 类基金收取不同的销售服务费。

A 类基金份额按照 0.25% 年费率计提销售服务费，B 类基金份额按照 0.01% 年费率计提销售服务费。

（2）债券型 A、C 类

债券型基金常常带有 A、C 字母，A、C 作为区别债券基金收费方式的标识。以华商信用增强债券 A（001751）和华商信用增强债券 C（001752）为例，两只基金投资运作方式一致，但收费方式却不同，具体见表 1-8、表 1-9。

表 1-8 华商信用增强债券 A 收费方式

费用类型	金额（M）/ 持有期（N）	收费方式 / 费率
申购费 （前端收费）	$M < 1\ 000\ 000.00$	0.80%
	$1\ 000\ 000.00 \leqslant M < 3\ 000\ 000.00$	0.50%
	$3\ 000\ 000.00 \leqslant M < 5\ 000\ 000.00$	0.30%
	$M \geqslant 5\ 000\ 000.00$	1 000 元 / 笔
赎回费	$N < 7$ 日	1.50%
	7 日 $\leqslant N < 1$ 年	0.10%
	1 年 $\leqslant N < 2$ 年	0.05%（1 年 365 天）
赎回费	$N \geqslant 2$ 年	0.00%
管理费	—	0.70%（每日计提，按月收费）
托管费	—	0.20%（每日计提，按月收费）
销售服务费	—	—

表 1-9 华商信用增强债券 C 收费方式

费用类型	金额（M）/ 持有期（N）	收费方式 / 费率
申购费 （前端收费）	—	0.00%
赎回费	$N < 7$ 日	1.50%
	$N \geqslant 7$ 日	0.00%
管理费		0.70%（每日计提，按月收费）
托管费		0.20%（每日计提，按月收费）
销售服务费		0.40%（每日计提，按月收费）

从上表可以看出，华商信用增强债券 A 按投入金额收取不同费率的申购费，不收取销售服务费。华商信用增强债券 C 不收取申购费，但要收取销售服务费。

在股票型基金名称后也可以看到 A、C 字母，其同样代表着两种不同的收费方式。部分债券型基金后带有 B 字母，B 类债券基金按后端收费方式收费。

（3）特殊的 E

少数基金名称后会带有 E 字母，E 指基金的销售渠道，投资者只能在互联网上进行基金交易，如天弘添利债券（LOF）E（009512）。

1.4.3 ETF 和 LOF

在基金名称中还可以看到 ETF、LOF 标识。ETF 和 LOF 是两种特殊的基金，两种基金具有以下特殊之处。

◆ ETF

ETF 为 Exchange Traded Fund，全称交易型开放式指数基金。ETF 具有指数基金的特点，以拟合某一指数为目标，特殊之处在于其交易模式。ETF 是交易所上市交易的开放式基金，它具有开放式基金的特点，但又不同于其他的开放式基金使用现金申购、赎回，有以下鲜明个性。

①ETF 可以在交易所买卖，交易更具有便利性。

②在场外申购和赎回时，投资者需要用"一篮子"股票交换基金份额或者用基金份额换"一篮子"股票。

③ETF 采用被动式管理方法，透明度高。

ETF 基金也有多种类型，如股票 ETF、债券 ETF、货币 ETF、黄金

ETF、科技 ETF 等。股票 ETF 以沪深 300、标普 500 等指数为跟踪标的，债券 ETF 以债券指数为跟踪标的。图 1-14 为各类 ETF 基金的行情报价信息。

	代码	名称	涨幅%	现价	涨跌	买价	卖价	总量	现量	涨速%	换手%
1	159001	货币ETF	-0.00	99.999	-0.001	99.999	100.000	59781	2	0.00	12.39
2	159003	招商快线ETF	0.00	99.992	0.000	99.991	99.992	5439	4	0.00	5.85
3	159005	汇添富快钱ETF	-0.00	99.999	-0.001	99.999	100.000	56	1	0.00	2.29
4	159701	物联网ETF招商	—	—	—	—	—	0	0	—	—
5	159702	AIETF	0.38	1.054	0.004	1.053	1.054	3404	1	0.00	1.80
6	159703	新材料ETF	0.34	1.192	0.004	1.191	1.192	122972	2000	0.00	16.76
7	159706	深证100ETF华安	—	—	—	—	—	0	0	—	—
8	159707	地产ETF	—	—	—	—	—	0	0	—	—
9	159708	红利ETF	0.54	0.927	0.005	0.927	0.928	115239	100	0.00	4.00
10	159709	物联网ETF工银	0.31	0.975	0.003	0.974	0.975	25892	150	-0.09	1.03
11	159710	智能电车ETF	0.75	0.940	0.007	0.940	0.942	20290	10	0.00	1.36
12	159711	港股通ETF	—	—	—	—	—	0	0	—	—
13	159712	港股通50ETF	—	—	—	—	—	0	0	—	—
14	159713	稀土ETF	-0.63	0.953	-0.006	0.953	0.955	322624	59	0.11	12.37
15	159715	稀土ETF易方达	-0.60	0.830	-0.005	0.829	0.831	584408	304	0.00	13.13

图 1-14 ETF 基金的行情报价信息

理财贴士 *ETF 联接基金*

对股票交易软件不熟悉的投资者，若要投资 ETF 基金，也可以选择场外的 ETF 联接基金。ETF 联接基金以同一标的指数的 ETF 基金为主要投资目标。如易方达上证 50ETF 联接基金 C（007380），主要通过投资于易方达上证 50ETF（510100）实现对业绩比较基准的紧密跟踪，基金的业绩表现与上证 50 指数的表现密切相关。

◆ LOF

LOF 为 Listed Open-Ended Fund，全称上市交易型开放式基金。LOF 本质还是开放式基金，只不过增加了交易所交易这一买卖渠道。也就是说 LOF 可以在场内进行买卖，同时也可以在场外申购和赎回。

LOF 有两个交易渠道，这使得投资者可以在场内买入 LOF 基金，再在场外赎回，反之亦然。两个市场交易价格不同，这使得 LOF 存在套利空间。交易方式灵活是 LOF 的显著特点，只不过相比其他开放式基金，LOF 的种类较少。图 1-15 为各 LOF 基金行情报价信息。

	代码	名称	涨幅%	现价	涨跌	买价	卖价	总量	现量	涨速%	换手%
1	160105	南方积配LOF	-0.08	1.263	-0.001	1.263	1.362	22	20	0.00	0.02
2	160106	南方高增LOF	0.78	1.690	0.013	1.667	1.690	293	50	0.00	0.06
3	160119	500ETF联接LOF	-0.05	1.879	-0.001	1.878	1.879	6487	5	0.00	0.85
4	160125	南方香港LOF	1.68	1.389	0.023	1.389	1.399	65	5	0.00	0.06
5	160127	南方消费LOF	-1.39	0.923	-0.013	0.923	0.925	676	6	0.00	0.11
6	160128	南方金利定开	0.10	1.034	0.001	1.030	1.034	97	1	0.00	0.05
7	160133	南方天元LOF	-2.25	4.035	-0.093	4.034	4.048	1029	6	0.00	0.06
8	160135	高铁基金LOF	-0.68	1.015	-0.007	1.015	1.022	304	5	0.00	0.31
9	160140	美国REIT精选LOF	-1.36	1.160	-0.016	1.159	1.160	1356	10	0.00	1.23
10	160142	南方优势产业LOF	0.00	1.157	0.000	1.157	1.158	1357	170	0.00	0.10
11	160143	创业板定开南方	-0.76	1.175	-0.009	1.174	1.175	2093	5	-0.08	0.11
12	160211	国泰小盘LOF	0.94	4.185	0.039	4.112	4.179	187	28	0.00	0.08
13	160212	国泰估值LOF	-3.64	3.682	-0.139	3.680	3.682	315	3	0.03	0.17
14	160215	国泰价值LOF	-0.17	2.360	-0.004	2.323	2.359	68	1	0.00	0.19
15	160216	国泰商品LOF	1.46	0.347	0.005	0.346	0.347	69048	1	0.00	2.35
16	160218	房地产LOF	1.29	0.940	0.012	0.940	0.941	3004	6	0.00	0.59
17	160219	医药LOF	-1.10	0.903	-0.010	0.903	0.904	14228	100	0.00	0.53
18	160220	国泰民益LOF	0.28	1.804	0.005	1.785	1.804	282	180	0.00	0.25
19	160221	有色金属LOF	1.31	1.551	0.020	1.547	1.551	4079	1	0.06	0.49

分类 ▲ | A股 | 中小 | 创业 | 科创 | CDR ▲ | B股 | 基金 ▲ | 债券 ▲ | 股转 ▲ | 板块指数 | 港美联动 | 自选 | 板块 ▲ | 自定 ▲ | 港股 ▲

图 1-15　各 LOF 基金行情报价信息

第2章

基金理财，增加个人非工资收入

对基金有了基本的认识后，就可以利用基金投资理财了。基金的购买渠道有很多，找到适合自己的购买渠道，更能方便、快捷地买到心仪的基金产品。另外，做基金投资没有资金是不行的，工薪族还需要了解自身的收支状况，通过财务规划为自己积累资金。

2.1 走好基金投资的第一步

在开始进行基金投资前，投资者还需要做一些准备工作，包括选择购买渠道，为自己开设基金账户。基金账户是投资者进行基金交易、管理的账户，记录着基金交易的相关信息。

2.1.1 选择合适的交易渠道

基金的重要交易渠道有 4 个，分别是基金公司、第三方理财平台、银行和证券公司。

基金公司。基金是由基金公司发售的，在基金公司购买基金相当于通过"厂商"直接交易。通过基金公司购买基金通常有一定的费用优惠，但基金公司提供的都是本公司的基金产品，图 2-1 为华夏基金公司官网上提供的货币型基金。

	基金代码	基金名称	日期	(百)万份收益	七日年化收益率	今年以来		过去一年
货币型								
	003003	华夏现金增利货币A/E	2021-08-16	0.5417	2.188%	1.37%	↑	2.14%
债券型	001374	华夏现金增利货币B	2021-08-16	0.6070	2.433%	1.52%	↑	2.38%
	000343	华夏财富宝货币A	2021-08-16	0.7541	2.468%	1.41%	↑	2.20%
混合型	004201	华夏财富宝货币B	2021-08-16	0.8197	2.714%	1.56%	↑	2.45%
	000645	华夏薪金宝货币	2021-08-16	0.5518	2.027%	1.54%	↑	2.33%

图 2-1 华夏基金公司提供的货币基金产品

第三方理财平台。第三方理财平台相当于大型的"基金超市"，属于基金代销渠道，如支付宝、天天基金网、理财通等平台。第三方理财平台提供的基金产品丰富，包括不同基金公司、不同类型的基金产品，有时还会有较大的折扣。

银行渠道。通过银行也能购买基金，银行也属于基金的代销渠道，其会提供多个基金公司的基金产品，可通过银行网点、网上银行购买。

证券公司。如果要购买场内基金，如 ETF 基金、封闭式基金，就只能通过证券公司购买。在证券公司购买基金需要开立证券账户，证券账户还可以用于购买股票、债券等金融产品。

下面来梳理各个渠道的特点，投资者可根据个人需求选择适合自己的渠道见表 2-1。

表 2-1　不同基金购买渠道的特点

区 别 项	基金公司	第三方理财平台	银　　行	证券公司
产品种类	较为单一	丰富	较为丰富	丰富
费用	较低，有折扣	较低，会有较大折扣	一般，较少有折扣	中等
优点	有直销优惠	产品丰富，购买便捷，赎回快	线下购买方便	交易方便，可选择产品多
缺点	只能买本公司产品	线下渠道少，部分基金无法购买，需谨慎选择平台	优惠力度、产品种类一般	有交易时间限制

2.1.2　为自己开设基金账户

第一次购买基金的工薪族，可以优先选择基金公司、第三方理财平台、银行渠道试水投资。下面以华夏基金公司为例，来看看如何通过基金公司官网开设基金账户。

理财实例

在基金公司开立基金账户

进入华夏基金公司官网（https://www.chinaamc.com/），在首页单击"开户"按钮，如图 2-2 所示。

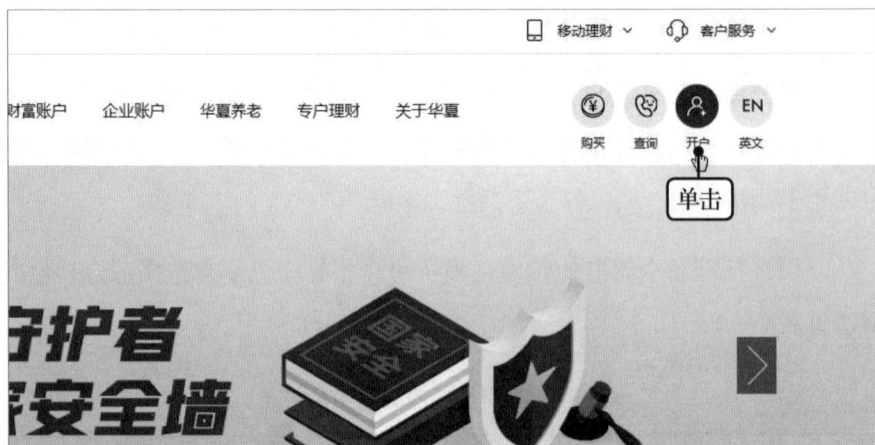

图 2-2 单击"开户"按钮

进入选择支付卡页面，持有银行卡的投资者可以选择银行卡快速开户，华夏基金理财中心客户可选择理财中心客户开户。这里选中"中国邮政储蓄银行"单选按钮，如图 2-3 所示。

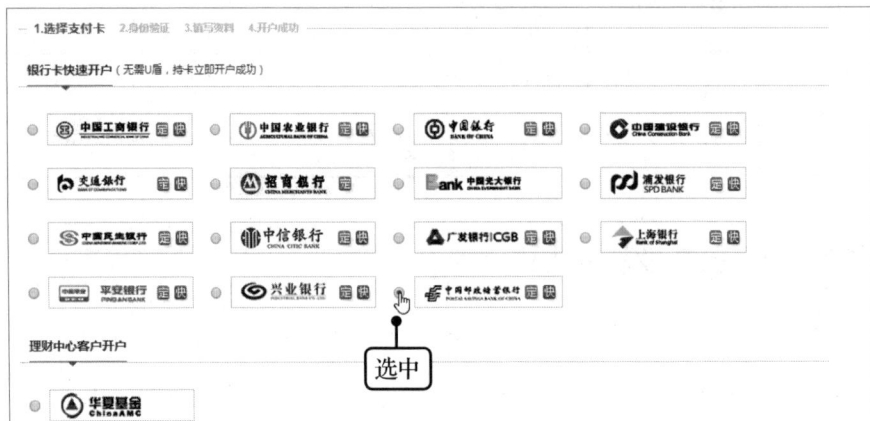

图 2-3 选择开户方式

在打开的页面中输入自己的姓名，选择证件类型、输入证件号码，银行卡号，银行预留手机号码等信息。认真阅读《华夏基金管理有限公司快易付业务协议》后选中"我已阅读并同意"复选框，单击"获取验证码"按钮，如图 2-4 所示。

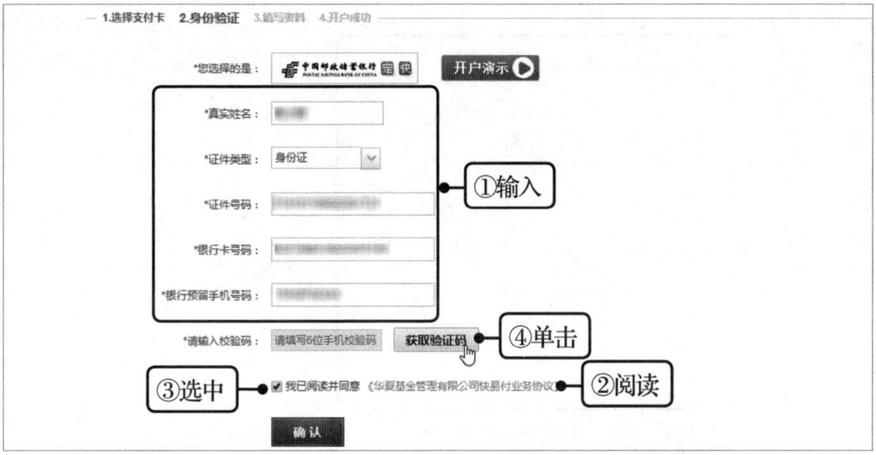

图 2-4 填写身份信息并获取验证码

在手机收到由银行发送的验证码后，将其填入到"请输入校验码"文本框中，单击"确认"按钮，如图 2-5 所示。

图 2-5 填写验证码并单击"确认"按钮

在打开的填写资料页面中详细填写开户人的相关信息，如证件有效期、家庭住址、邮政编码、E-mail、职业、设置交易密码、确认交易密码等，认真阅读《华夏基金电子交易服务协议》和《证券投资基金投资人权益须知》，选中"我已阅读并同意"复选框，单击"提交"按钮，如图 2-6 所示。

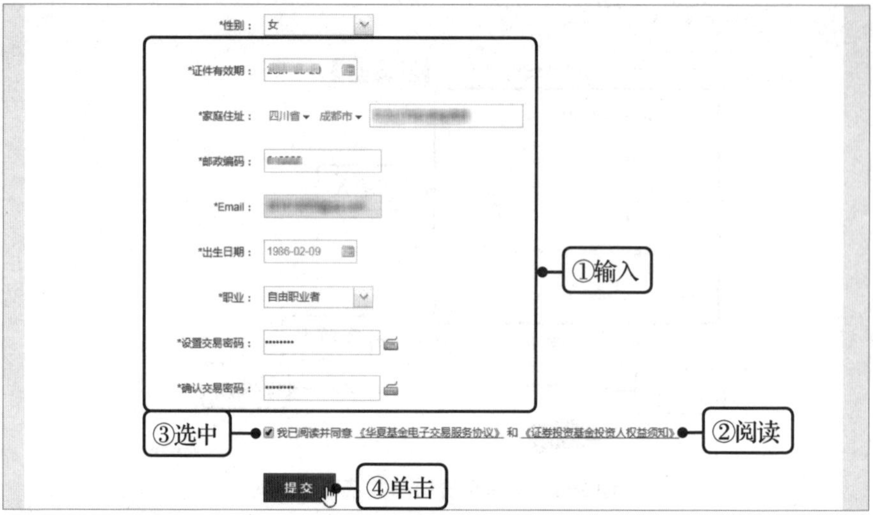

图 2-6　填写开户人的资料

　　打开填写资料的补充信息页面，在其中确认相关信息后，选中"本人确认"对应的复选框，单击"提交"按钮，如图 2-7 所示。

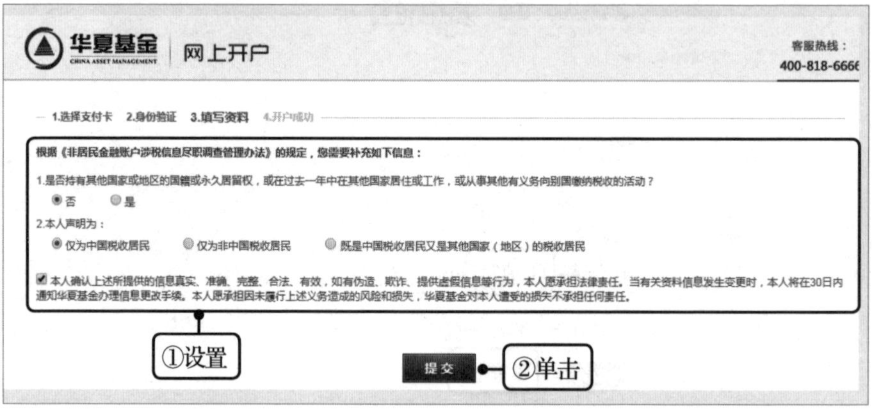

图 2-7　设置补充信息

　　程序自动进入开户成功页面，在其中显示网上交易开户已成功的信息，如图 2-8 所示。在该页面中，单击"立即登录网上交易"按钮可进入网上交易系统登录页面，登录成功后可以办理新增支付账户、购买基金、定期定额等业务。

图 2-8　单击"立即登录网上交易"按钮

在银行开设基金账户比较简单，可登录个人网上银行或手机银行，进入投资理财页面开通证券交易功能（未开通网上银行的用户需先开通个人网上银行）。

以农业银行为例，登录农业银行个人网上银行，进入"投资/基金/账户管理"页面。系统会提示进行风险测评，完成风险测评后会进行协议签约，仔细阅读签约协议，选中"同意"复选框，设置签约卡号，输入账户密码，单击"签约"按钮开通基金账户，如图 2-9 所示。

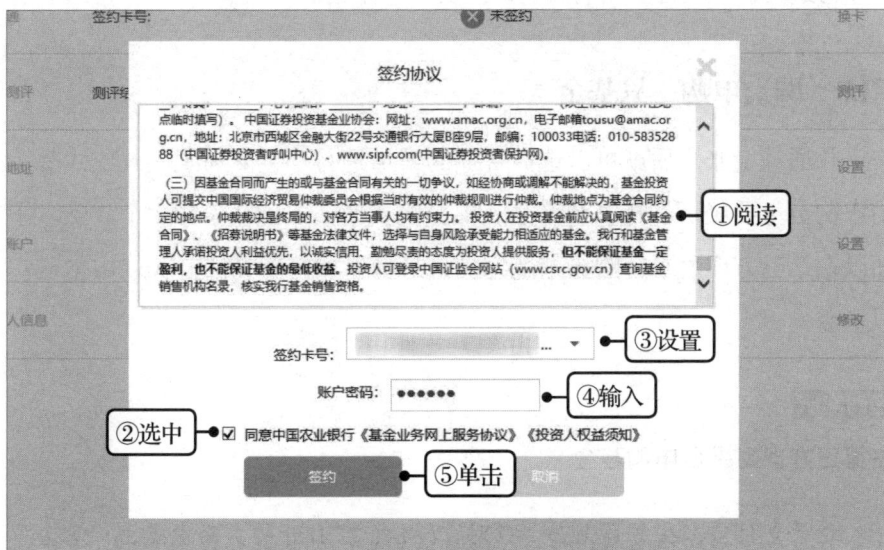

图 2-9　在网上银行开通证券交易功能

拥有证券账户的投资者可参与场内基金买卖，开立证券账户相对要烦琐一些，投资者可通过证券公司线下网点现场开户。无法现场开户的投资者可通过证券公司提供的官方 App 开通证券账户。开户前需准备身份证、本人银行卡、带有前置摄像头的手机、Wi-Fi 或 4G 网络环境。网上开户的步骤如下所示。

①进入证券公司官方网站，手机扫描开户二维码，下载并安装证券公司提供的 App。

②进行手机号码验证，进入手机开户流程。

③上传本人的二代身份证，进行身份验证。

④完善个人资料，进行个人风险测评。

⑤选择要开通的账户，这里要注意勾选开通基金账户。

⑥签署协议，绑定银行借记卡，签约银行存管。

⑦进行视频验证、问卷回访，提交开户申请。

2.1.3　网上申购一只基金

开通基金账户后就可以选择合适的渠道进行基金交易了。开放式基金的申购会主要经历选择基金产品、提交购买申请、确认份额 3 个步骤。下面以在第三方理财平台购买基金为例，来看看如何在支付宝 App 中申购一只基金。

理财实例

在第三方理财平台申购基金

登录支付宝，在首页点击"理财"按钮，在打开的页面中点击"基金"按钮，如图 2-10 所示。

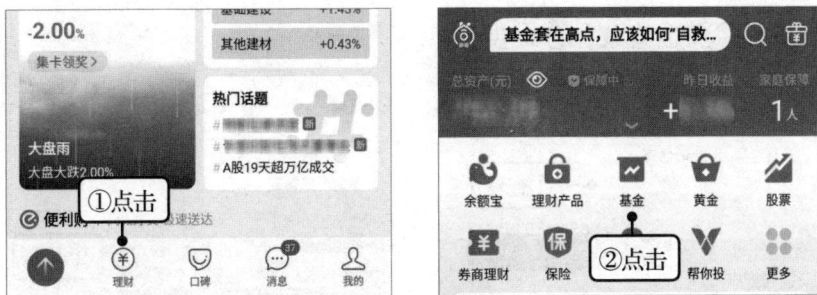

图 2-10　进入理财页面

在"基金"页面可根据基金排行、热门板块、新发基金、偏股基金等类型来选择基金，这里点击"偏债基金"按钮。在打开的页面中可以看到平台代销的债券型基金，点击"筛选"按钮可按热门标签、成立年限、产品规模等条件进行基金筛选。这里在全部类型中选择"华商信用增强债券A"基金，如图 2-11 所示。

图 2-11　选择基金产品

进入产品详情页面，在该页面仔细查看基金的基本信息、业绩表现、基金档案、基金经理、投资分布、交易规则、基金产品概要等信息，确认购买该基金后，点击"买入"按钮，如图 2-12 所示。

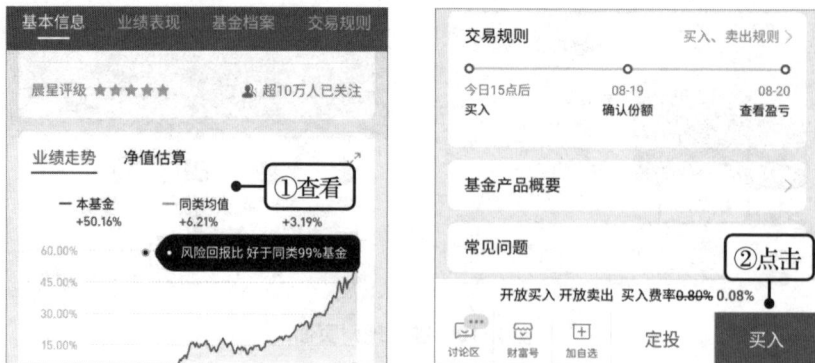

图 2-12　查看基金产品详情

在该页面认真阅读《产品概要》和《投资人权益须知》文档，选中点击确定单选按钮，输入买入金额（在该页面会显示基金的最低买入金额），选择"付款方式"选项，如图 2-13 所示。

图 2-13　阅读相关内容并输入买入金额

选择付款方式，核实买入金额和付款方式后点击"确定"按钮，如图 2-14所示。在支付页面输入支付密码完成基金申购操作。

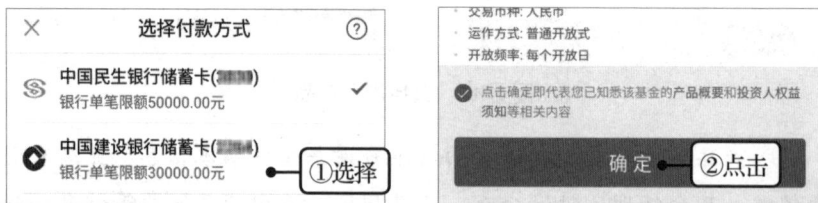

图 2-14　确定买入基金

支付宝若未绑定银行卡，需绑定银行卡后才能购买基金。投资者可以进入"我"页面，点击"银行卡"按钮，在打开的页面中绑定银行卡，也可以在购买基金时按照提示来操作绑定银行卡。在基金公司官网和网上银行申购基金，其操作流程与在第三方平台相似。

2.1.4　网上认购一只基金

在募集期的开放式基金，可以以认购的方式购买。募集期的开放式基金会有认购开始日和认购结束日的期限规定，投资者需要在该期限内进行认购操作。

可以在基金公司官网、网上银行、第三方理财平台的"新发基金"页面中，找到正在募集或即将开售的开放式基金。新发基金若募集超过限额，可能会提前结束募集。认购开放式基金与申购有一定的区别，投资者要注意以下4点。

①认购的开放式基金需要在基金成立后才能查询到份额。

②在基金成立前享受活期利息认购期结束，这部分利息收入会换算成份额再确认。

③基金募集成功，在基金合同生效后会进入封闭期，封闭期也不能进行基金的申购和赎回。有特殊约定的基金，以具体的约定为准。

④包含封闭期在内的自基金合同生效之日起的 6 个月是基金投资建仓的时间。封闭期结束后，开放式基金会进入开放期，此时可以进行申购、赎回操作。

下面以在建设银行网上银行认购基金为例，来看看认购的具体操作。

理财实例

在网上银行认购基金

进入建设银行网站（http://www.ccb.com/）首页单击"登录"按钮；

在打开的页面中输入用户名／证件号码、登录密码，单击"登录"按钮，如图 2-15 所示。

图 2-15　登录个人网上银行

进入个人网上银行，单击"投资理财"选项卡，在打开的页面中单击"基金超市"超链接，如图 2-16 所示。

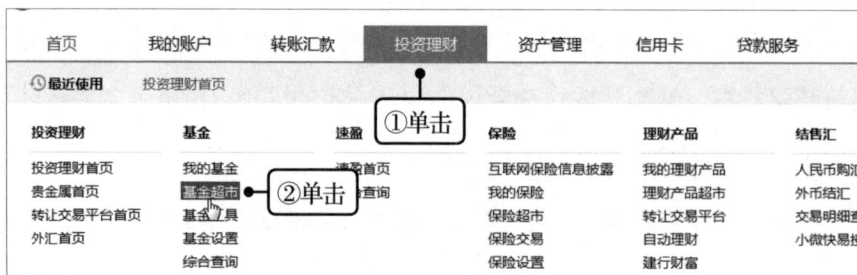

图 2-16　单击"基金超市"超链接

在打开的页面中单击"新发基金"超链接，系统会显示处在认购期的基金。在该页面可以查看基金的名称、基金公司、认购开始日和认购结束日。选择要购买的新发基金，单击"购买"超链接，如图 2-17 所示。

图 2-17　选择要认购的基金

进入填写基金购买信息页面，仔细阅读《建信兴润一年持有混合公募基金产品资料概要》，选中"本人已认真阅读并同意以下内容"复选框，设置交易账号，输入购买金额，单击"提交"按钮，如图 2-18 所示。

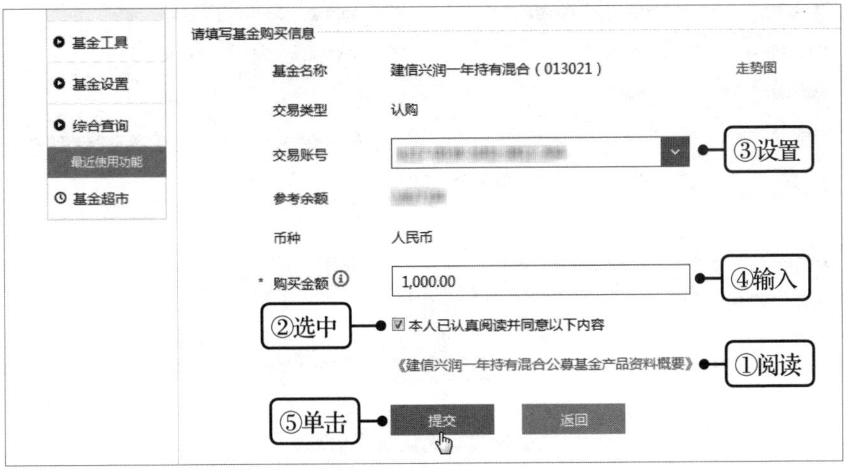

图 2-18　填写基金购买信息

在打开的页面中仔细阅读《投资者风险匹配告知书》《投资者确认函》，阅读完成后单击"同意"按钮，如图 2-19 所示。

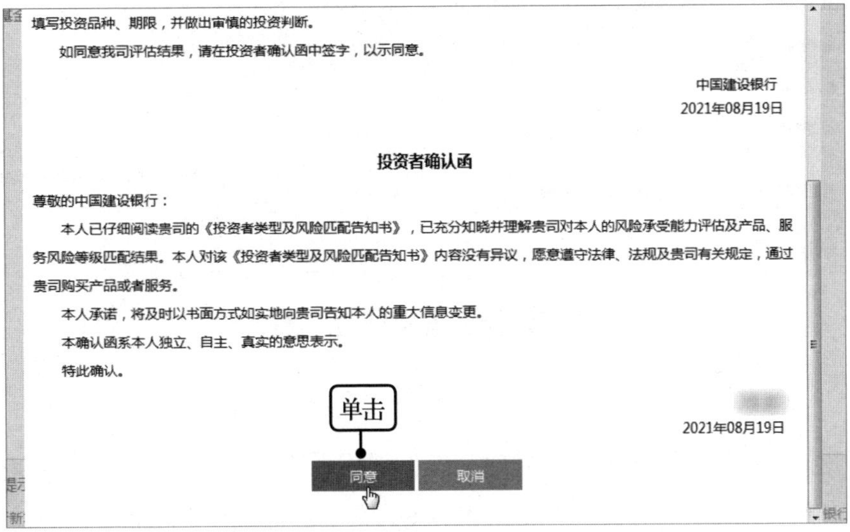

图 2-19　阅读《投资者风险匹配告知书》和《投资者确认函》

进入确认购买信息页面，查看购买信息是否无误，确认无误后单击"确认"按钮，如图 2-20 所示。

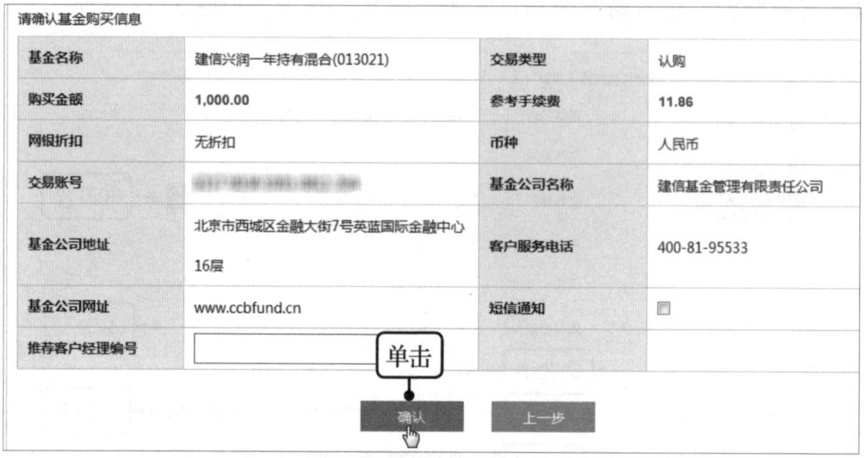

请确认基金购买信息			
基金名称	建信兴润一年持有混合(013021)	交易类型	认购
购买金额	1,000.00	参考手续费	11.86
网银折扣	无折扣	币种	人民币
交易账号	⬛⬛⬛⬛⬛⬛⬛⬛⬛	基金公司名称	建信基金管理有限责任公司
基金公司地址	北京市西城区金融大街7号英蓝国际金融中心16层	客户服务电话	400-81-95533
基金公司网址	www.ccbfund.cn	短信通知	☐
推荐客户经理编号		单击	

确认　　　上一步

图 2-20　确认购买信息

稍后，系统会提示购买申请已成功受理，在该页面可以打印或下载基金购买信息，如图 2-21 所示。

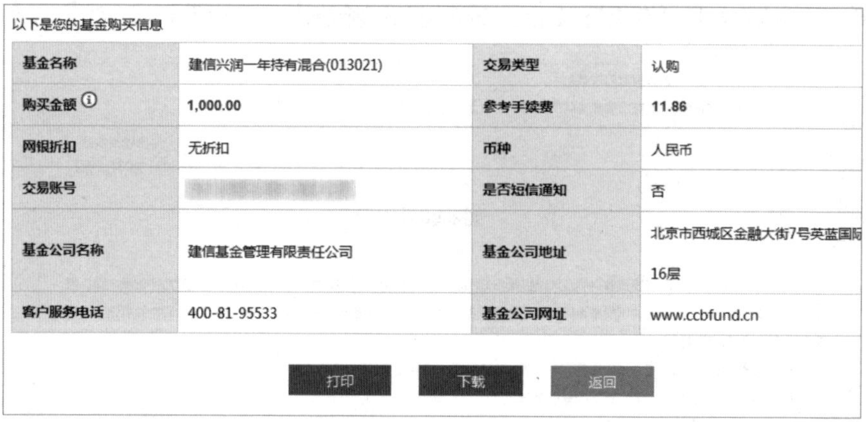

以下是您的基金购买信息			
基金名称	建信兴润一年持有混合(013021)	交易类型	认购
购买金额 ⓘ	1,000.00	参考手续费	11.86
网银折扣	无折扣	币种	人民币
交易账号	⬛⬛⬛⬛⬛⬛	是否短信通知	否
基金公司名称	建信基金管理有限责任公司	基金公司地址	北京市西城区金融大街7号英蓝国际16层
客户服务电话	400-81-95533	基金公司网址	www.ccbfund.cn

打印　　　下载　　　返回

图 2-21　查看购买信息

提交申请并不代表认购成功，在非交易时间提交的认购申请，会在交易时间开始后正式发起。在交易正式发起前需保证账户余额充足，否则无法成功认购。基金交易开放时间为交易日的 9:30—15:00。

理财贴士 *购买基金过程中的风险评估*

在网上银行购买基金的过程中，若投资者未做过风险评估，会要求进行风险评估。若风险评估过期，会要求重新评估。购买的基金产品风险等级高于个人风险评估评级的，会提示投资者，或要求重新评估。

2.1.5　基金赎回的具体操作

开放式基金以赎回的方式将基金份额兑换为现金。基金的赎回也有一定的条件，募集期、封闭期的开放式基金不支持赎回，进入开放期的开放式基金可以一次性或部分赎回。下面以在支付宝赎回已持有的基金为例，来看看赎回基金的具体操作。

理财实例

部分赎回已买入的基金

进入支付宝"理财"页面，点击"基金"按钮，在打开的页面中点击"持有"按钮，在该页面可以查看到持有的基金。选择要赎回的基金，这里点击"易方达中证军工指数（LOF）A"超链接，如图 2-22 所示。

图 2-22　查看持有的基金

在打开的资产详情页查看基金的累计盈亏、业绩走势、净值估算等信息，确定卖出该基金后点击"卖出／转换"按钮，在打开的对话框中点击"立即卖出"按钮，如图 2-23 所示。

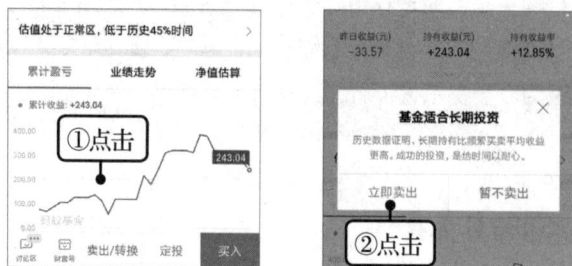

图 2-23　查看资产详情并卖出基金

进入卖出页面，全部卖出点击"全部"按钮，部分卖出可点击要卖出的份额比例或者输入卖出份额，设置卖出到账方式，点击"确定"按钮，系统会打开支付页面，输入支付密码，如图 2-24 所示。

图 2-24　部分卖出基金份额

在提交基金赎回申请时须持有足够的基金份额余额，否则所提交的赎回申请无效。提交基金赎回申请后，资金并不能马上到账。赎回申请提交成功后，基金管理人会在 7 个工作日内支付赎回款项，再由代销机构将赎回款划转给投资者，具体到账时间与代销机构的入账速度有关。

基金份额净值以交易开放日（周末和法定节假日属于非交易日）的 15:00 为界限计算。15:00 之前提交的赎回申请，将按当日收市后的基金净值进行计算；15:00 之后提交的赎回申请，将按下一个交易日收市后的基金净值进行计算。

需要注意的是，基金实行 T+1 交易，T 日是指基金在规定时间受理投资人申购、赎回或其他业务申请的日期。若交易时间为基金交易开放日当天 9:30—15:00，则 T 日为交易日当天；若交易时点不在以上范围内，则 T 日为交易后的最近一个基金交易开放日，+1 即指加一天。

交易日 15:00 前申购的基金以 T 日基金净值计算份额，T+1 日确认份额。交易日 15:00 后申购的基金，以最近一个基金交易日的基金净值计算份额，次日确认份额。开放赎回的基金要在买入确认后的下一 T 日才能卖出，也就说基金申购后并不能马上赎回，最快也要 T+2 日才能赎回。

理财贴士　*基金的巨额赎回*

开放式基金还可能面临巨额赎回的情况，巨额赎回是指基金单个开放日，基金净赎回申请超过上一开放日基金总份额的 10%。当基金发生巨额赎回时，基金管理人可以根据基金当时的资产组合情况决定全额赎回或部分延期赎回。

2.2　存下钱为投资储备资金

巧妇难为无米之炊，有计划进行储蓄才会有余钱参与基金投资。对工薪族而言，要做好储蓄首先要做好个人资产管理，学会记账，合理规划消费和收入。

2.2.1　账单统计对消费心中有数

收支梳理是储蓄理财的第一步，收支梳理可以让自己对每月的收入和消费情况有一个清晰的认识，帮助自己找到"消费黑洞"，进而减少一些不必要的支出。

当下，很多工薪族都习惯使用移动支付，如使用微信、支付宝支付，微信和支付宝都提供账单统计功能，可以利用这一功能了解自己的钱都花在了哪些地方。下面以微信为例，来看看如何查看自己的账单支出。

理财实例

通过微信查看账单支出

登录微信，在"我"页面点击"支付"按钮，进入支付页面点击"钱包"按钮，如图 2-25 所示。

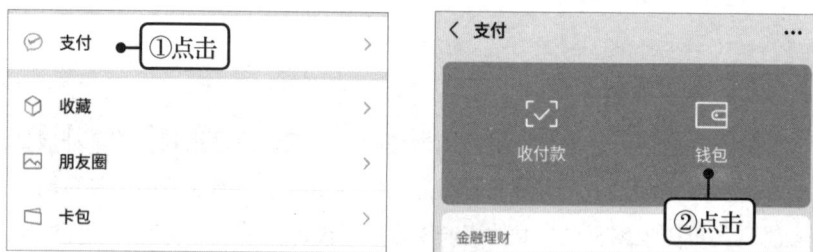

图 2-25　进入支付页面

进入钱包页面后,点击"账单"超链接，在账单页面可以按月查看全部交易类型,包括收入和支出详情。若要查看月账单统计则点击"统计"超链接，如图 2-26 所示。

图 2-26　查看月账单明细

在打开的页面中可以查看支出合计、各月的支出对比、当月支出排行榜，如图 2-27 所示。若要了解收入详情可以点击"收入"按钮查看收入合计、各月收入对比和收入排行榜，点击"年账单"超链接还可以查看年度账单。

图 2-27　查看收支详情

通过账单统计并不能看出收支结构，在如图 2-27 所示的收支详情页面点击"使用记账本"超链接，可以通过"微信记账本"小程序查看收支结构，进行记账管理，如图 2-28 所示。

图 2-28　查看收支结构

弄清楚个人收入和支出情况后，接下来要对个人收支进行分析，分析收入来源和支出去向。工薪族的收入一般由月工资、奖金、投资收入和其他收入构成。支出类目有生活消费、娱乐消费、出行消费、教育消费等。

通过收入排行榜了解个人收入的主要来源，通过支出排行榜了解哪些支出花销更大。如果排名靠前的支出有非必要支出，那么就要注意减少这些支出项目。

储蓄理财要学会认识个人收支损益，个人收益损益＝个人收入－个人支出。个人收益损益有以下几种情况。

①个人收益损益＞0，表示除去日常支出后，还有一定的储蓄积累。

②个人收益损益＝0，表示收入和支出平衡，类似于月光族。

③个人收益损益＜0，表示入不敷出，需要动用积攒的积蓄或者借债。

当个人收益损益长期为零甚至为负值时，要注意平衡收支，减少不合理的消费，增加收入的来源渠道，为投资理财积累更多资金。

2.2.2　月光族怎样节约资金来投资

月光族是个人收益损益长期为零的人群，他们有理财意识，但每月的收入除去开支后所剩无几，以致没有多余的钱进行投资理财。那么月光族要如何摆脱"月光"呢？具体可以做以下几点。

（1）制订消费计划

盲目消费是大多数工薪族"月光"的主要原因，要摆脱"月光"，首先要树立理财意识，改变不良的消费习惯，做到量入为出。月光族可以在每月月初制订一个消费计划，让消费有计划地进行，这样可以有效控制冲动消费。消费计划可分两步走，第一步进行消费分类，第二步分账户存放资金。

◆　消费分类

把消费分为四类。第一类为必要消费，包括餐饮、交通、水电费、房租以及其他生活必要开支。必要消费不能省，它是维持家庭日常生活所必需的消费。

第二类为需要消费，这部分支出为非必须消费品，但却可以提高生活品质，如扫地机器人、无意间看中的服装等。需要消费主要取决于个人的判断，同一件商品对张某来说可能是必要消费，但对李某来说可能是需要消费，要结合自身情况来确定需求等级。

第三类为想要消费，这部分消费品是自己想要的，但是超出现有支付能力，需要攒钱才能购买，如游戏机、相机、一次旅行等。

第四类为非必要消费，是指能找到替代品或者因冲动消费而购买的商品。这类消费品购买后可能一年只会使用一次，甚至买下后就不再使用。

◆ 分账户存放资金

把消费进行分类后，根据过往收支情况计算出每月的必须开支，将必须开支放在微信钱包、常用的银行卡中，以便于随时支付。需要消费所用的开支存放在弹性消费账户中，有确切需要时才使用，同时也以备不时之需。

将想要消费的开支存放在"小金库"中，这笔资金需要慢慢积累，一般短期内不会使用。如果有多余的闲钱，也可以存放在"小金库"中，这笔钱可以作为理财资金。

（2）抑制冲动消费

冲动消费是导致"月光"的常见原因，工薪族要学会自我控制，通过控制不合理的消费来节流。除必须消费品外，在购买其他非必要商品时不妨给自己一个冷静期，权衡商品购买的必要性。经过冷静期的思考后，消费行为会慢慢趋于理性，这时就能很好地判断商品是否真的必不可少，从而克制冲动消费。

冷静期可以是 5 分钟，也可以是 1 小时或 1 天，目的是给消费留下缓冲时间，避免消费的盲目性。在设置消费冷静期时，可以给自己一个最后期限，比如3天。如果到第3天仍然想要这件商品，认为这件商品对自己来说是有价值的，那么就买下它。

（3）避开想花钱的环境

直播间的限量销售、购物平台的优惠推送、商场的节日折扣……都会诱导冲动消费。要控制此类冲动消费，比较有效的方式就是切断购买的渠道，如关闭购物平台活动优惠推送，降低打开直播间的频率，这样可以减少冲动消费的次数。

2.2.3 低薪族如何强制自己储蓄

对于初入职场、工资收入并不是很高的新人来说，可通过强制储蓄来为自己积累理财资金。强制储蓄前同样可以先进行账单统计、制订消费计划，让个人收入分配更加理性，然后将盈余的钱用于强制储蓄。

强制储蓄也有一定的技巧，可以采用银行零存整取的储蓄方法，循序渐进地储蓄理财资金。比如根据现阶段的收支情况，每月能存200元，那么就制订一年期每月存200元的储蓄计划。预计一年后工资会有一定程度的上涨，每月能存500元，就再制订一年期每月存500元的零存整取储蓄计划。具体的年储蓄计划表见表2-2。

表2-2　年储蓄计划表

月　　份	存入日期	目标金额	存入金额	是否完成	备　　注
1月	2021.1.10	200.00	200.00	√	
2月	2021.2.10	200.00	200.00	√	
3月	2021.3.10	200.00	200.00	√	

续表

月　份	存入日期	目标金额	存入金额	是否完成	备　注
4 月	2021.4.10	200.00	200.00	√	
5 月	2021.5.10	200.00	200.00	√	
6 月	2021.6.10	200.00	200.00	√	
7 月					
8 月					
……					
总目标金额：			已存入金额：		
注：完成当月储蓄计划打√，未完成打 ×，未完成备注原因，已存入金额每月更新					

上表为年储蓄计划表，还可以根据个人储蓄能力制订周储蓄表、月储蓄表或者 365 天储蓄表。如果当月有多的盈余，也可以多存一点。为避免无计划消费打乱储蓄节奏，最好在每月发工资后就存入储蓄资金，实现真正意义上的强制储蓄。

完成一轮储蓄计划后，可以用多余的钱奖励自己，如吃一顿大餐、购买想要的商品等，通过奖励的方式来激励自己开始新一轮储蓄。年储蓄计划以月为单位，每年年末时进行资金分配；月储蓄计划以周为单位，每月月末进行一次资金分配。

2.2.4　合理分配做好资产规划

制订消费计划、储蓄计划都是资产规划中的一步，合理分配资产能帮助工薪族更好地进行投资理财。在进行资产规划时，可以参考标准普尔家庭资产象限图进行资产分配，如图 2-29 所示。

要花的钱　　　　**占比 10%**　　　　**占比 20%**　　　　**保命的钱**

要点：用于短期消费，3～6 个月所需的必要开支，包括衣食住行所需的各项开支，保证日常生活。

要点：保险保障，用于抵御风险，如购买意外险、重疾险，做到专款专用，以应对大额突发开支。

标准普尔家庭资产象限图

要点：注重收益，投资基金、股票等成长性较高的理财产品，在承担风险的同时实现财富增长。

要点：注重保值升值，投资基金、存款、养老金等稳健增值产品，保证本金安全，也可用于自我提升。

生钱的钱　　　　**占比 30%**　　　　**占比 40%**　　　　**保本升值的钱**

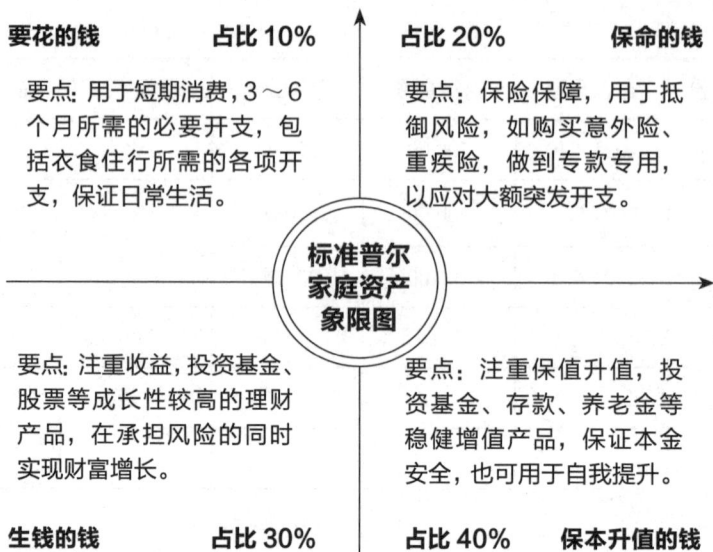

图 2-29　标准普尔家庭资产象限图

标准普尔家庭资产象限图把资产分为 4 个类别，分别为要花的钱、保命的钱、生钱的钱、保本升值的钱，各类别有着不同的管理思路。

◆　要花的钱

这笔钱要保证短期内家庭生活的稳定性，因此要储备 3～6 个月的生活开支，用于应付日常的生活消费。这里给出的比例是 10%，这个比例并不是绝对的，每个家庭的收支情况不一样，具体比例因人而异，可以调整为 15% 或者 20%，但是不要让这个账户的占比过高。

要花的钱要充分保证流动性，不能将这笔钱用于高风险投资，可以存放于低风险的货币基金中，如余额宝、零钱通等，保证灵活存取的需要。

◆　保命的钱

不管是意外事故，还是重大疾病，给家庭带来的打击都是致命的。当风险来临的那一刻，如果提前做好了保险保障，可以在一定程度上转移风险，避免家庭陷入困境。

保命的钱要做到未雨绸缪，这笔钱不必占用过多的家庭资产，要充分体现杠杆效应。主要用于购买保险保障产品，如意外保险、重疾保险、医疗保险等。如果 20% 的占比对家庭来说过高，也可以下调比例，将下调的比例分配给其他账户，如下调 10% 给要花的钱这一账户。

◆ 保本升值的钱

保本升值的钱所占的资产份额比较大，这笔钱有特定的用途，如养老储蓄、子女教育、技能学习、外出旅游等。资金用途决定了这笔钱不能用于风险投资，而要追求稳健增值。

保本升值账户以安全为前提，在此基础上可以追求适当增值。根据资金流动性的需求，可以将账户中的资金分为两部分：一部分用于投资货币基金、短期理财基金等短期收益稳定的产品，以便自己随时可以使用这部分资金；另一部分短期内不会使用的钱可以投资收益稳定、能适度增值的产品，用于教育或养老所需，如中长期债券基金、银行理财产品等。一般来说，保本升值账户资金可占家庭可支配收入的 30% ～ 40%。

◆ 生钱的钱

与保本升值账户不同，生钱的钱要通过承担风险来追求高收益，因此要选择投资回报高的产品，如股票基金、指数基金、房产、黄金等。这部分钱能帮助家庭实现财务自由，具体占比要看家庭可配置资产的多少以及个人风险偏好。但最好不要超过家庭资产的 35%，因为风险和收益是对等的，追求高投资收益的同时也要面临高风险带来的本金损失。

2.3 学会省钱买基金的技巧

基金投资需要支付申购费、管理费、赎回费等费用，这些费用都是购买基金的成本。对投资者来说，省钱亦是获利，因此，了解一些省钱买基金的技巧是很有必要的。

2.3.1　促销活动时申购基金

基金的购买渠道有很多，从优惠折扣上来看，第三方理财平台的优惠力度会较大，不仅基金交易费率会打折，还会有其他理财优惠活动。以支付宝为例，支付宝中的部分基金会有费率打折优惠，部分申购费率为 1.5% 的基金，折扣下来的费率为 0.15%，这能为投资者省下一部分购买费用，如图 2-30 所示。

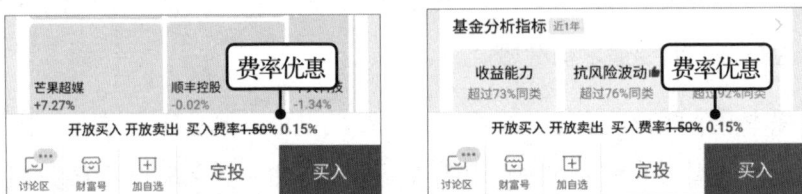

图 2-30　基金买入费率优惠

除费率优惠外，第三方理财平台还会不定期开展理财优惠活动，在活动期间购买基金还能享受其他福利。以支付宝"818 理财节"活动为例，投资者购买基金可以参与领红包活动，活动中领取的财运红包还可以直接抵扣现金，费率优惠＋现金立减活动可以省下不少的钱，如图 2-31 所示。

图 2-31　支付宝"818 理财节"活动

另外，新基金常常也会有费率优惠，部分新基金还会推出 0 认购 / 申购费的优惠活动，相比日常 1.2% ～ 1.5% 的费率，在活动期间买入会划算很多。

基金公司也会不定期推出一些促销活动，想要通过直销渠道购买基金的投资者，可以关注基金公司官网活动公告或者在基金购买页面查看。图 2-32 为华安基金官网提供的基金产品，原买入费率为 1.5%，现 0.015%，折扣力度很大。

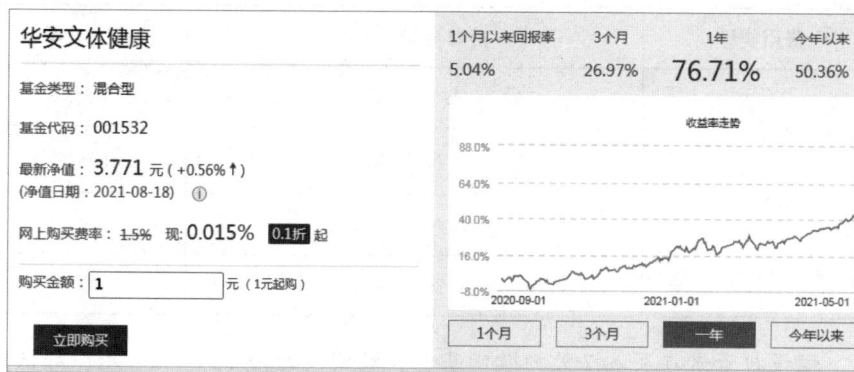

图 2-32 华安基金官网提供的基金产品

基金优惠活动会不定期进行，投资者要注意关注理财平台的活动公告，虽说在活动期间购买基金可以享受优惠，但也不能盲目投资，要根据自己的理财计划来进行。

2.3.2 长时间持有更划算

整体来看，相比做短线交易，基金更适合长期持有。为什么这么说呢？主要原因是有以下三点。

（1）短线交易费率高

基金短线交易的费率比较高，即使在买入时享受了一定的费率优惠，短期内卖出仍要承担较高的赎回费。

理财实例

短期持有后卖出基金

以嘉实新能源新材料股票 A（003984）基金为例，在支付宝活动期间买入可以享受 1 折费率优惠（0.15%），但是短期内赎回仍要支付较高的赎回费，表 2-3 为嘉实新能源新材料股票 A 赎回的费率。

表 2-3　嘉实新能源新材料股票 A 赎回费率

费用类型	持有期限（N）	费　率
赎回费	$N < 7$ 天	1.5%
	$7 \leqslant N < 30$ 天	0.75%
	$30 \leqslant N < 180$ 天	0.5%
	$N \geqslant 180$ 天	0%

假设投资者在买入 7 天内赎回基金，赎回总额为 10 000.00 元，那么要支付的赎回费为：

10 000.00 × 1.5%=1 500.00（元）

也就是说投资者直接损失了 1 500.00 元，而如果投资者持有 180 天后再赎回该基金，赎回费为：

10 000.00 × 0%=0（元）。

从上述案例可以看出，基金短期交易的费率是比较高的，特别是持有期短于 7 天（不含）的基金，要承受更高的赎回费率。收取持有时长少于 7 天的短期赎回费是为了保护投资者的合法权益，基金公司会将收取的短期赎回费计入基金财产。

货币基金、短期理财基金这类短期灵活存取的基金不受短期赎回的影响，不会收取高额的短期赎回费，以汇添富收益快钱货币 C（013002）基金为例，申购和赎回费率都为 0，只会收取运作费率，包括管理费、托管费和销售服务费。

短期理财基金有一定的封闭期，如 7 天、30 天等，封闭期内资金不可取出，到期后赎回不会收取赎回费，以招商理财 7 天债券 A（217025）基金为例，该基金不收取申购费用和赎回费用，只收取管理费、托管费、销售服务费和其他费用，封闭期为 7 天。

货币基金和短期理财基金虽然不会收取短期赎回费，但投资收益相对也会较低。市面上大多数的基金都是持有时间越长，赎回费率越低，为避免承担较高的短期交易成本，还是要长期持有。

（2）长期持有才能看出收益差异

基金与实时交易、追涨杀跌的理财产品不同，基金净值的确认是滞后的，交易确认也具有延时性，不具备短线交易的优势。另外，基金采用的是组合投资的方式，这种投资方式降低了风险，使基金的单日涨跌相对较小，短期内无法看到收益差异，通过长期持有才能换取较大的收益空间。

以招商中证白酒指数（LOF）A（161725）基金为例，该基金 2018 年 12 月 6 日的累计收益率为 −5.1%，在 2019 年 1 月 18 日的累计收益率为 −6.02%，如图 2−33 所示。

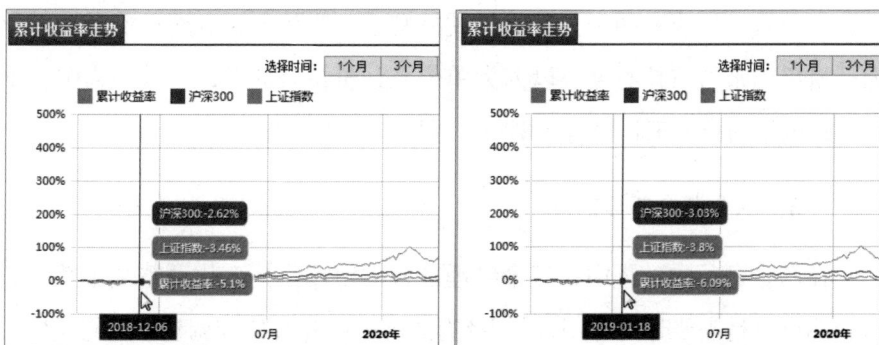

图 2-33　招商中证白酒指数（LOF）A 累计收益率走势

如果投资者在 2018 年 12 月 6 日买入该基金，短期持有后认为该基金没有继续持有的价值，于是在 2019 年 1 月 18 日将该基金卖出，那么投资者将面临投资亏损。相反，如果投资者把眼光放长远点，如持有 3 年，那么累计收益将是可观的，图 2-34 为招商中证白酒指数（LOF）A 基金 3 年的累计收益率走势。

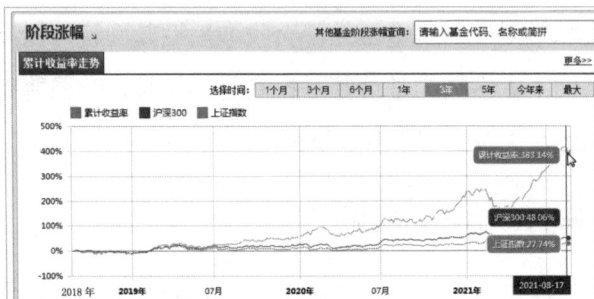

图 2-34　招商中证白酒指数（LOF）A 累计收益率走势

从 2018 年 8 月 23 日至 2021 年 8 月 17 日，该基金的累计收益率从 0.85% 上涨到了 383.14%。通过长期持有，投资者才能获得丰厚的投资回报。在进行基金投资时，投资者要树立一个意识，市场波动是客观存在的，如果因为短期波动就急于卖出而放弃长期持有，可能会错失好基金。

既然基金适合长期持有，那么究竟持有多久才算长期持有呢？对新手投资者而言，可能一两个月就算长期持有了。实际上，资深投资者会以年为计量单位来看待持有期。以月为单位来计量持有期限，可以视为中长期持有；以年为单位来计量持有期限，可以视为长期持有。

（3）基金调仓需要时间

在基金运行的过程中，基金经理会根据市场行情变化调整基金持仓，持仓调整也是需要时间的，长时间持有才能看出基金持仓调整带来的变化。另外，基金的持仓变动并不是实时更新的，而是每季度公布，这也使得投资者要长期持有才能了解该基金的风格策略。

2.3.3　红利再投资省申购费

现金分红和红利再投资是基金的两种分红方式。对于基金的分红方式，《公开募集证券投资基金运作管理办法》有以下规定：

第三十八条　基金收益分配应当采用现金方式，但中国证监会规定的特殊基金品种除外。

开放式基金的基金份额持有人可以事先选择将所获分配的现金收益，按照基金合同有关基金份额申购的约定转为基金份额；基金份额持有人事先未做出选择的，基金管理人应当支付现金。

从上述规定可以看出，若投资者没有指定分红方式，那么基金默认采用现金分红方式。对有基金再投资或者长期持有需求的投资者来说，选择红利再投资更好，这是因为红利再投资会直接将分得的红利转换为基金份额，可以省下一部分申购费。下面以支付宝为例，来看看如何将现金分红变更为红利再投资。

理财实例

将现金分红变更为红利再投资

在支付宝的"基金"页面点击"持有"按钮，在打开的页面中选择要更改分红方式的基金，这里点击"易方达稳泰一年持有期混合 C"超链接，如图 2-35 所示。

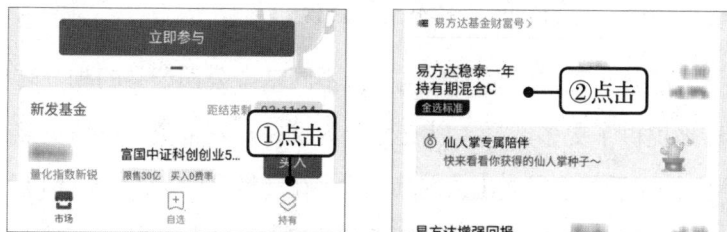

图 2-35　查看持有的基金

进入资产详情页面，选择"分红方式"选项，在打开页面中选择"红利再投资"选项，如图 2-36 所示。

图 2-36　修改分红方式

在打开的提示对话框中点击"确定"按钮，返回资产详情后可以看到分红方式显示为"修改中（红利再投资）"，如图 2-37 所示。

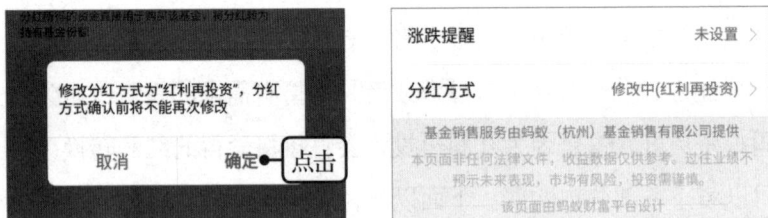

图 2-37　确认修改分红方式

2.3.4　巧用基金转换节省成本

基金转换是指将持有的基金转换为同一基金公司管理的其他基金产品。相比赎回再申购，基金转换会有一定的费率优惠，能够降低基金交易成本，同时也简化了烦琐的交易流程。在进行转换时要注意，只有开放交易的基金才能进行转换，封闭期的基金不支持转换。

当下，部分第三方理财平台也支持不同基金公司产品的相互转换，这给基金转换提供了更多选择。以支付宝为例，在基金资产详情页点击"卖出 / 转换"按钮后可选择卖出或转换基金，在转换页面点击"选择转入基金"超链接可选择要转换的基金，投资者可以将持有的基金转化为其他基金公司的产品，如图 2-38 所示。

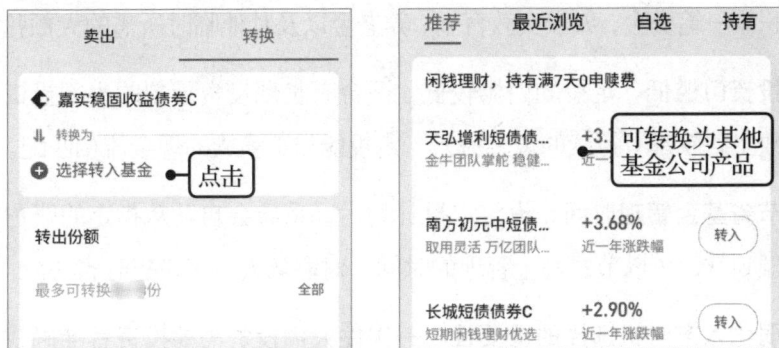

图 2-38 基金转换

基金转换不仅能节省购买成本，还是一种基金投资策略，当股市有下行风险时，可以将高风险的偏股基金转化为中低风险的偏债基金；反之，当股市上行时，则可以将固收类基金转化为偏股基金。

基金转换虽说有费率优惠，但盲目频繁转换是不可取的，这样不仅不能节省费用，反而会增加交易成本。

2.4 职场人士基金定投

基金的投资方式主要有两种，一种是一次性投入，另一种是基金定投。这两种投资方式各有差异，对工薪族而言，比较省心的是基金定投。下面就来深入认识基金定投。

2.4.1 什么是基金定投

基金定投是指定期定额投资，即定期买入固定金额的基金。这种投资方式类似于银行的零存整取，对工薪族来说基金定投有以下优势。

强制储蓄。工薪族可以把每月存下的钱用于基金定投，通过定投来帮助自己强制储蓄。定投是一种积少成多的理财方式，它可以帮助工薪族为未来积累一笔资金，如子女教育金、养老金以及其他临时所需的大额花销。

投资门槛低。定投的门槛较低，适合有长期投资计划的小额投资者，大多数工薪族都有持续的现金流入，定投能与工薪族的现金流相匹配。

节省基金管理时间。设定定投计划后，系统会自动从指定的账户中定期定额划款，可以节省基金管理的时间，对职场人士来说省时省心。

弱化入市时机选择的重要性。一次性大额投资需要投资者准确找到投资时间，定投采用周期性的投资方式，不用投资者紧盯大盘去寻找入市时机，不管投资者何时入市，长期定投都可以通过分批买入来摊平成本，大大减少了一次性投入过多被深套的风险。

降低投资人的风险。定投的资金是分批入场的，有投资成本加权平均的优势，投资者可避免因短期的市场波动而放弃长期投资计划。在行情低迷时，定投可以买入更多份额的基金，一旦行情回暖，长期积累的筹码就可以为投资者带来可观的回报。这种平均投资方式可以有效分散投资风险。

可获得复利效应。定投的时间越长，复利效应会越明显。对定投投资者来说，只要市场长线前景佳，当市场短期下跌到低点时，反而能在低位为投资者积累更多便宜的筹码，而且风险波动越大，长期累积的筹码就越能带来更高的收益。

2.4.2　基金定投的两个要点

工薪族想要通过基金定投帮助自己实现长期理财获益，还要把握定投的一些要点，具体包括以下两点。

（1）定投目标量力而行

基金定投比较关键的一点就是设置定投目标，定投的目标要量力而行，否则定投会成为一种负担。工薪族可以根据每月的收支情况设置一个合理的定投金额，如每月 500 元、每周 50 元等，尽量做到让定投轻松、没负担。如果定投的目标金额设置得过高，就可能因为资金不到位而导致定投中断。

定投周期的选择也很重要，有每日、每周、每两周、每月定投，要根据实际资金情况去设置。大部分工薪族都是按月发放工资，因此可以选择每月定投，收入比较灵活的工薪族则可以选择每周或每两周定投。

（2）要做好长期持有的准备

定投的选择时机没有一次性投资那么严格，定投走的是"微笑曲线"，投资者可以选择有上升趋势的市场开始定投，图 2-39 为基金定投微笑曲线。

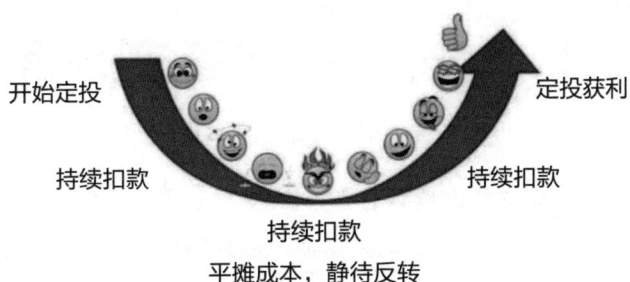

图 2-39　基金定投微笑曲线

既然选择了基金定投这一投资方式，那么投资者就要做好长期持有的准备。市场短期下跌时，不要因为行情不好就止损退出，而是应该耐心等待市场回暖。

基金定投是一个慢慢加仓的过程，一旦开始定投就要做好抗压的准备，做到止盈不止损，中途退出反而会前功尽弃，失去获利的机会。开始定投后，投资者可以设定一个止盈目标，等到基金达到预期收益时就赎回退出或者分步卖出。

2.4.3　用每月工资定投基金

确定定投目标后，就可以选择一个适合自己的渠道开始基金定投了，下面以在支付宝定投基金为例，来看看如何开始基金定投。

理财实例

在支付宝定投基金

进入支付宝基金页面，点击"省心定投"按钮，在定投专区选择合适的定投产品，点击"一键定投"按钮，如图 2-40 所示。

图 2-40　选择定投的基金

在打开的页面中仔细阅读《产品概要》《投资人权益须知》文档，输入定投金额，设置付款方式、定投周期，点击"确定"按钮，如图 2-41 所示。

图 2-41　设置基金定投

完成以上步骤后会提示"是否即刻投入一笔"，点击"仅设置定投"按钮，输入密码后完成定投设置。

在设定好定投计划后，可以将基金分红方式变更为红利再投资，通过红利再投资为自己节省申购费用，让定投享受复利增长效果。

第3章

挑选基金，上班族靠谱买基金

不同类型的基金，其风险和收益都不同。在购买基金前，工薪族要对自身的理财需求、风险承受能力有充分了解，从而挑选到适合自己的基金产品。

3.1 选择适合自己的基金产品

市面上的基金产品有很多，如何挑选基金是摆在投资者面前的难题。每个家庭都有其特殊性，工薪族要根据自身具体情况来选择适合自己的基金产品，而不是盲目跟投。

3.1.1 根据风险承受能力选基金

在购买基金的过程中，机构都会要求投资者进行风险测试。风险测试是为了让投资者清楚自己的风险承受能力。正确评估个人的风险承受能力，正视风险、理解收益，才能更好地找到适合自己的基金。风险承受能力与个人资产状况、投资经验、投资目标、可耐受的风险波动有关，风险评估由低到高可以划分为 5 个等级。

保守型。保守型投资者主要以资产保本增值为理财目标，风险承受能力较弱。此类投资者基本不能忍受本金损失，希望获取绝对回报，因此，最好不要选择高风险的理财产品，以免超出自身的风险承受能力。保守型投资者可选择低风险的理财产品，这类产品总体风险程度低、收益波动小，本金基本上不会出现亏损。

稳健型。稳健型投资者主要以资产稳定增值为理财目标。相比保守型投资者，稳健型投资者能够承受一定的风险，但风险不能过大，希望在尽可能保证本金安全的基础上获取稳定的投资收益。稳健型投资者可以以低风险、中低风险理财产品为主要投资标的。这类产品风险程度较低，收益会存在一定的波动，但基本在可控范围内，本金出现亏损的可能性较小。

平衡型。平衡型投资者主要以获取较高的投资收益为理财目标，有一定的风险承受能力，能够通过承受相应的风险来换取较高的投资回报。平衡型投资者可以以中等风险的理财产品为主要投资标的。这类产品有一定的升值潜力，收益存在波动但较为温和，也可能会有本金损失。

成长型。成长型投资者希望换取高于物价涨幅的投资回报，乐意承受较高程度的投资风险来获取较高收益和成长性。成长型投资者可以以中高风险理财产品为主要投资标的。这类产品有升值空间，但收益波动较大，本金也可能会有较大的损失。

进取型。进取型投资者希望赚取高回报，也愿意为获得极高的回报潜力而承担较大的本金损失。进取型投资者可以以高风险理财产品为主要投资标的。这类产品具有很高的升值能力，收益波动很大，本金可能出现全部亏损的情况。

在进行基金投资的过程中，投资者要认识到风险与收益是相伴而生的，不能因为追求收益而忽略自身的风险承受能力。基金作为一种理财产品也有风险等级的划分。按照风险由低到高顺序，一般将基金产品划分为 5 个等级，即 R1（低风险）、R2（中低风险）、R3（中等风险）、R4（中高风险）、R5（高风险）。不同风险承受能力的投资者可匹配的基金产品如图 3-1 所示。

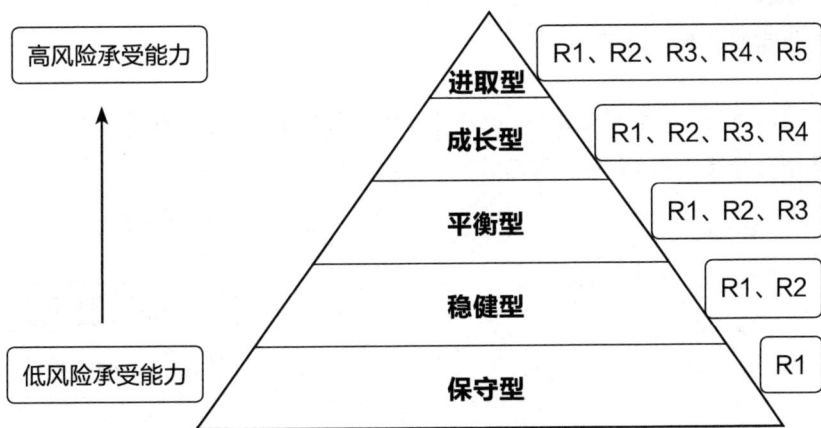

图 3-1　投资者与基金产品的匹配

在划分基金产品风险等级时，基金公司会根据产品的流动性、到期时限、投资方向、结构复杂性等因素来综合评估基金的风险等级。在基金产品的购买页面或者产品介绍页都可以看到基金对应的风险等级，如图3-2所示。

图 3-2　查看基金风险等级

了解了基金风险等级后，投资者就可以根据自身的风险测评结果来选择适配自己的基金产品。若投资者不清楚自身的风险承受能力，或者自身信息发生变化时，可以进入基金购买平台重新测评。下面以支付宝为例，来看看如何进行风险测评。

理财实例

在支付宝进行风险测评

进入支付宝"我的"页面，选择"总资产"选项，在打开的页面中选择"风险类型"选项，如图3-3所示。

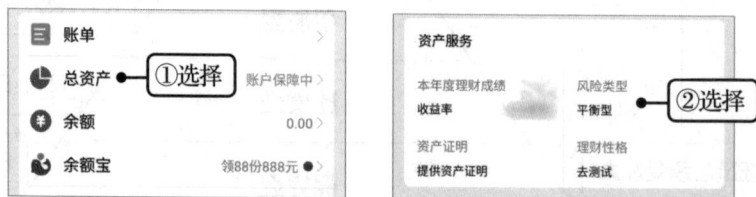

图 3-3　进入总资产页面

进入风险类型页面，点击"重新测试"超链接，在测评页面中根据自身的实际情况答题，或者选择要修改的信息进行修改，确认无误后点击"确认无误，提交"按钮，如图 3-4 所示。

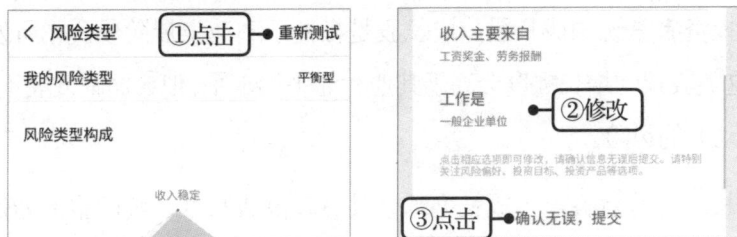

图 3-4 根据自身实际情况完成测评

在测试结果页可以看到风险测评的结果，点击"确认风测结果"退出页面，如图 3-5 所示。

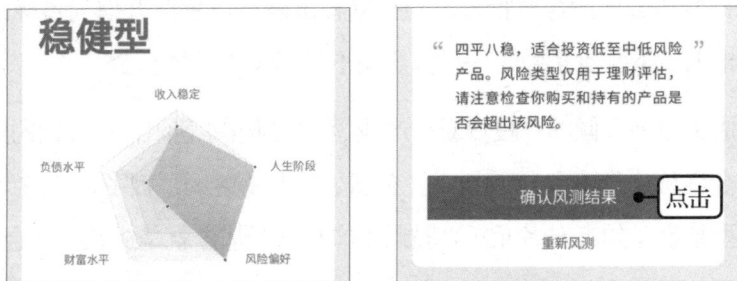

图 3-5 查看风险测评结果

理财贴士 *正确认识风险测评结果*

风险测评结果可以作为基金投资的一个辅助工具。投资者可将其视为一种参考，并不一定要完全按照这个结果来配置基金产品，自身的理财目标、资产情况也是挑选基金时要考虑的因素。

3.1.2 根据投资目标和期限确定基金

每个工薪族的理财计划都是不同的。按投资目标来分，基金可分为成长型基金、收入型基金和平衡型基金 3 类。

◆ 成长型基金

成长型基金追求资金的长期收益，主要投资标的是成长型公司的股票，也就是投资者常说的成长股。成长股是指处于高速发展阶段公司所发行的股票。这类股票的增长幅度会高于其他行业平均水平，但会面临发展不稳定、收益波动大的风险。

成长股的特点决定了成长型基金具有较高成长性，其回报潜力值高，但也存在巨大损失的风险。成长型基金又可分为稳定成长型基金和积极成长型基金两类。稳定成长型基金的投资风格会相对稳健；积极成长型基金的投资风格会更为激进，更偏好规模较小的成长型企业。

成长型基金更适合对投资风险接受程度高、以资产升值为目标的投资者。可根据以下两点来判断一只基金是不是属于成长型基金。

①成长型基金倾向于投资新兴产业、科技创新等朝阳行业公司的股票。如果基金名称中含有科技、新兴、创新、成长等名词，那么该基金就可能是成长型基金，如广发多元新兴股票（003745）基金就是成长型基金。

②看基金重仓的股票是否有成长股，如果大量持仓了成长股，那么该基金也可能是成长型基金。以广发多元新兴股票基金为例，其持仓前 10 的股票主要为新兴产业公司的股票，如新能源、芯片领域，如图 3-6 所示。

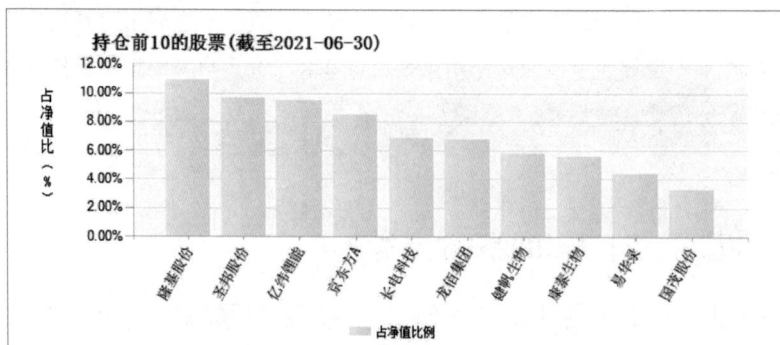

图 3-6　广发多元新兴股票基金持仓前 10 的股票

成长型基金注重企业未来的发展前景，因此投资成长型基金的投资者不能过于追求短期回报，应该把眼光放长远点。有中长期投资需求的投资者更适合成长型基金。

◆　收入型基金

收入型基金追求稳定的当期收入，适合保守型投资者和稳健型投资者，主要投资标的是稳定收入的证券，如债券、大额存单和绩优股等。收入型基金风险较低，收益较为固定，可分为固定收入型基金和权益收入型基金两种。

固定收入型基金偏向于债券、优先股，收益比较稳定，但成长潜力较小；权益收入型基金投资风格更为大胆，偏向于普通股，投资收益容易受股市波动影响，但成长潜力会高于固定收入型基金。

可通过基金的投资策略来识别收入型基金。收入型基金以"绝对收益""固收 +"为主流投资策略，如固收 + 股票、固收 + 可转债等。另外，还可以看收益波动率，收入型基金的年化波动率不会很高，且多为正收益。

◆　平衡型基金

平衡型基金介于成长型基金和收入型基金之间，追求稳定收入和升值之间平衡，适合平衡型投资者和成长型投资者。平衡型基金注重长短期收益和风险搭配，具有股债混合、攻守兼备的特点。平衡型基金是典型的混合基金，可细分为偏股混合型基金、偏债混合型基金、灵活配置型基金和股债平衡混合型基金。

平衡型基金会在债券和股票之间均衡配置，因此投资风险、年化波动率会低于普通股票型基金，基金经理会根据市场变化调整股债比例。如广发稳健增长混合 A（270002）基金就是平衡型基金，在股票、债券、现金之间进行资产配置，股票持仓为 30% ～ 65%。

明确投资目标后，投资者还需要确定投资的期限。投资理财的期限可分为短期、中期和长期3类。3个月以内为短期，1～2年为中期，3～5年为长期。短期投资可选灵活申赎的基金；中期投资可在风险承受范围内选择收益稳健的基金；长期投资可选平衡型、成长型等更具成长性的基金。

3.2 筛选基金的几种策略

确定了适合自己的基金产品类型后，还要学会筛选基金，从而找到符合自身投资需求的基金产品。可从基金公司、基金经理、历史业绩表现等方面入手来挑选基金。

3.2.1 多方面考查基金公司

如果不清楚如何选择基金产品，不妨从选择基金公司开始。国内有如华夏基金、嘉实基金等老牌基金公司，也有成立时间比较短的基金公司。一般来说，优秀的基金公司有以下主要特征。

◆ 规范的制度与流程管理

优秀的基金公司应具备规范的制度和流程管理体系。在基金管理运作过程中，规范的流程和制度能有效约束基金管理人的不利投资行为。另外，公司管理是否完善和规范影响着公司的风险控制能力，一家管理混乱的基金公司也无法带给投资者足够的信任。可以从以下几方面来判断基金公司的管理是否规范。

①看基金公司是否有成熟的风险管理机制和监督机制。

②看投资团队是否稳定，人事关系的稳定性在一定程度上可以反映企业的人事管理制度是否合理。

③是否有合理的股权结构和规范的公司治理结构。

在基金公司的官方网站可以查看基金公司的相关介绍，了解基金公司的企业文化、所获荣誉、机构业务和投研团队等内容。

◆ 服务态度和理念

基金公司是为投资者管理资产的金融机构，因此基金公司应有诚信经营、客户利益至上的价值观，以客户需求为出发点和落脚点，为投资者提供优质的基金产品和服务，通过尽责的客户服务树立起良好的企业形象，成为受人信任的资产管理公司。在选择基金公司时，投资者要了解基金公司是否及时、准确、全面地披露了基金产品管理运作的相关信息，是否能为投资者提供良好的客户服务。

◆ 完善的产品体系

产品体系单一的基金公司无法满足投资者多样化、组合投资的需求，因此，在选择基金公司时，投资者还要考虑基金公司是否有完善的产品体系。在基金公司的官网上就可以查看基金公司提供的基金产品。产品体系完善的基金公司会提供货币基金、债券基金、混合基金等多种类型的基金产品，以满足不同风险偏好投资者的需求。

◆ 基金管理规模

基金管理规模可以作为判断基金公司实力的参考指标，管理规模靠前，说明投资者对基金公司的投资管理能力和实力是认可的。图 3-7 为截至 2021 年 8 月 23 日基金管理规模排名前 5 的基金公司。

序号	基金公司	相关链接	成立时间	天相评级	全部管理规模(亿元) ⬧		全部基金数	全部经理数 *
1	易方达基金管理有限公司	详情 公司吧	2001-04-17	★★★★★	15,388.85	08-05	424	61
2	广发基金管理有限公司	详情 公司吧	2003-08-05	★★★★☆	10,616.45	08-17	470	68
3	天弘基金管理有限公司	详情 公司吧	2004-11-08	★★★☆☆	10,579.13	08-17	212	34
4	南方基金管理股份有限公司	详情 公司吧	1998-03-06	★★★★☆	9,936.52	08-10	434	66
5	汇添富基金管理股份有限公司	详情 公司吧	2005-02-03	★★★★☆	9,714.97	08-20	332	49

图 3-7 基金管理规模排名

从上图可以看出，管理规模靠前的都是老牌、大型的基金公司。如果投资者对中小型基金公司没有很好的判断，不妨选择资历老、规模大的基金公司。

3.2.2　选择优秀的基金经理

管理基金是基金经理的主要工作职责，基金经理的投资策略会影响基金的最终业绩表现。特别是主动管理型的基金，更考验基金经理对市场的把握能力，投资者可以参考以下几方面选择基金经理。

专业知识。一个优秀的基金经理应具备全面、扎实的金融知识，可以参考基金经理的学历、履历以及从业背景来了解基金经理是否具备专业知识，但不能作为决定性的依据。

岗位稳定性。基金经理自身职业的稳定性也是选择基金经理时需要考虑的。从投资者的角度看，尤其是有长期投资需求的投资者，不能频繁更换基金经理，因此要选择能长期坚守岗位的基金经理，通过专业一致的投资管理来保证业绩的稳定性，这方面可以参考基金经理的从业履历。

资产管理经验。资产管理经验丰富的基金经理对市场的判断往往更准确。另外，短期内通常无法看出基金经理的管理水平，选择基金经理要注重基金经理长期持续的盈利能力，因此，资产管理经验就是一个重要的参考指标。投资者可以查看基金经理的资产管理年限和历史业绩表现，从而了解其管理水平。

投资风格。不同的基金经理有自己独特的投资风格，选择投资风格与其专业背景契合度高的基金经理，能对基金收益产生有利影响。比如倾向于投资债券型基金，那么选择投资风格稳健、过往管理经历相匹配的基金经理会更好，可以参考基金经理的任职经历、投资理念、长期业绩来了解其偏好且擅长的行业板块。

那么投资者要从哪里了解以上参考指标呢？投资者可通过基金公司官网、第三方理财平台、基金产品详情页面、基金招募说明书了解基金经理。图 3-8 为支付宝基金产品详情页中关于基金经理的介绍。

图 3-8　基金经理介绍

找到优秀的基金经理后，投资者可以选择该基金经理管理的绩优基金进行长期持有。在进行基金投资的过程中，还可能出现基金经理变动的情况。当基金经理变动时投资者要结合基金情况以及自身投资需求做出相应的操作。不同的基金类型受基金经理变动的影响程度会不同，以下 3 类基金受基金经理变动的影响较小。

指数型基金。指数型基金以特定的指数为投资标的，是被动地跟踪指数，基金收益会跟随行业指数波动，基金经理的变动对基金的运作影响不大。

决策小组型基金。决策小组型基金由多位基金经理共同管理，单个基金经理的变动不会对整体的投资决策产生太大的影响。若整个决策小组都发生了变动，那就另当别论了。

大型基金公司旗下的基金。大型基金公司有着优秀的基金管理团队，当一个基金经理发生变动后，会由其他有实力的基金经理来顶替，投资者不用过于担心。

投资者可以通过基金经理变动一览表、基金公司发布的人事变动公告了解基金经理的变动情况，如图 3-9 所示。

图 3-9　人事调整公告

3.2.3　看基金的历史业绩表现

一只基金是否有投资价值最终还是要用业绩表现来说话，业绩也是基金经理能力的表现。那么投资者要如何通过历史业绩来筛选基金呢？

（1）看业绩是否达到业绩比较基准

基金发起募集后，基金公司会公布该基金的业绩比较基准，它可以视为基金成立之初为基金管理运作设立的预期收益标准。投资者可以将基金的收益率与业绩比较基准相比较，判断一只基金的表现。在基金招募说明书、基金合同、产品详情介绍中都可以找到基金的业绩比较基准。

理财实例

基金历史业绩与基准比较

以长城创业板指数增强 A（001879）基金为例，该基金的基本情况见表 3-1。

表 3-1　长城创业板指数增强 A 基金的基本情况

项　　目	说　　明
基金全称	长城创业板指数增强型发起式证券投资基金
基金简称	长城创业板指数增强 A
成立日期 / 规模	2017 年 6 月 1 日 /3.981 亿份
基金类型	指数型—股票
业绩比较基准	创业板指数收益率 ×95%+ 银行活期存款利率（税后）×5%
跟踪标的	创业板指数（价格）

从上表可以看出，长城创业板指数增强 A 是以创业板指数（价格）为标的的指数型基金，业绩比较基准为创业板指数收益率 ×95%+ 银行活期存款利率（税后）×5%。

自基金合同生效以来，基金份额累计净值增长率变动及其与同期业绩比较基准收益率变动的比较如图 3-10 所示。

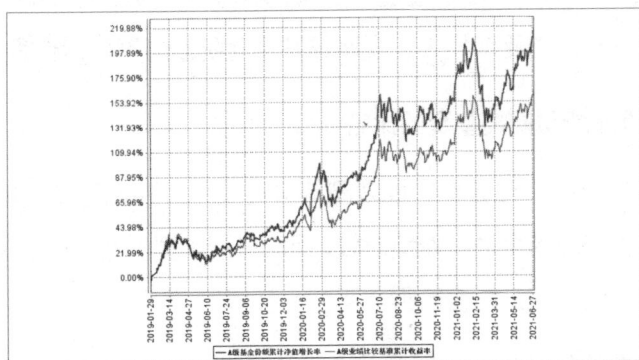

图 3-10　长城创业板指数增强 A 与同期业绩比较基准收益率走势对比

从上图可以看出，长城创业板指数增强 A 基金的收益率超过了业绩比较基准，后期幅度逐渐拉大，说明该基金发展良好。

如果一只基金的收益率与业绩比较基准相比，位于业绩比较基准的下方，那么证明该基金此阶段的投资管理并不理想。

（2）看业绩与大盘走势的比较

股票型基金主要投资于股票市场，所以，股票大盘的走势与基金的投资收益联系紧密。如果一只股票型基金一段时间的投资收益低于大盘，说明该基金此阶段的运作表现不佳。图3-11为华夏能源革新股票A（003834）基金累计收益率与大盘比较。

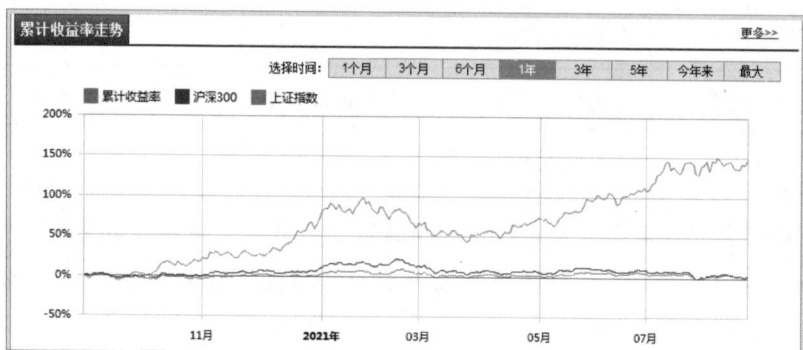

图 3-11　华夏能源革新股票 A 收益率与大盘比较

从上图可以看出，该基金近一年来的收益率走势位于沪深300、上证指数的上方，且距离逐渐增大，说明该基金此阶段的管理运作表现良好。

（3）看业绩与同类基金的比较

基金有货币型、债券型、股票型等多种类型。在筛选基金时，投资者不应将不同类型的基金进行业绩比较，而应将同类型的基金放在一起比较，看基金是跑赢同行还是跑输同行。

如果基金的收益远高于同类基金平均值，那么说明该基金在同类基金中表现优异。如果基金的收益远低于同类基金平均值，说明该基金在同类基金中表现不佳。

图3-12为泰达宏利溢利债券A（003793）基金与同类基金平均收益率的走势比较情况。

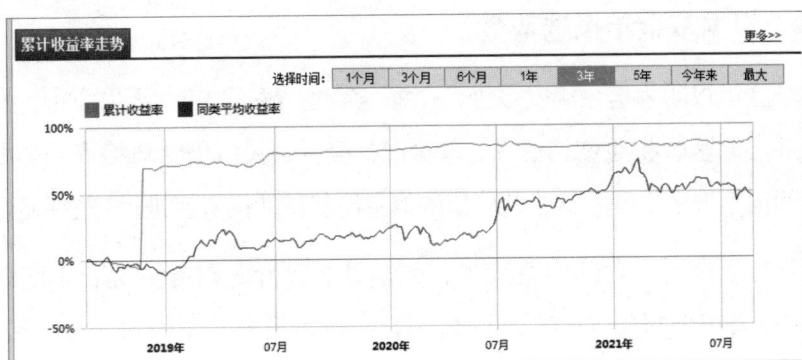

图 3-12　泰达宏利溢利债券 A 与同类基金的平均收益率走势比较

从上图可以看出，近 3 年来，泰达宏利溢利债券 A 的收益率都高于同类基金平均业绩，且业绩的稳定性高，说明该基金的业绩表现优异。

判断一只基金在同类基金中表现是否良好，还可以参考同类排名走势。通过排名走势了解该基金在同类基金中的排名情况，排名越靠前，说明该基金在同类产品中越有竞争力。图 3-13 为信诚新兴产业混合 A（000209）基金同类排名走势图。

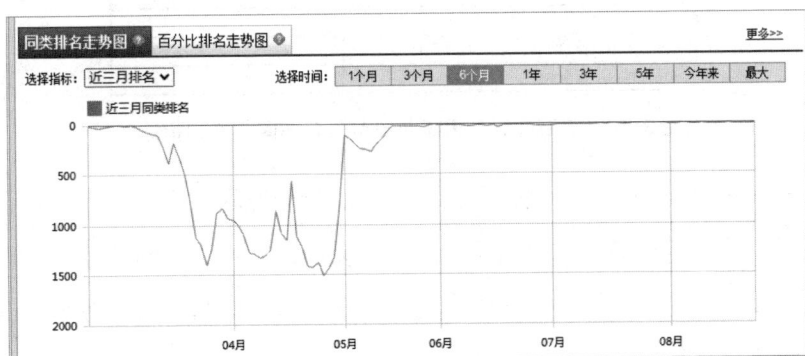

图 3-13　信诚新兴产业混合 A 基金同类排名走势图

从上图可以看出，在同类基金中，信诚新兴产业混合 A 基金近 6 个月的排名有高有低，近 3 个月出现了连续排名前十的情况。整体看来，该基金业绩在同类基金中表现优异。

3.2.4 根据基金年报选基金

基金年报即为基金年度报告，在每一年度结束后的 90 天内公布。投资者所关心的基金收益增长情况、基金产品概况、投资组合风格等，都可以通过阅读年报来了解。这些有价值的信息能够帮助投资者进行基金筛选。

基金年报所包含的内容较多，包括基金简介、财务情况、年度财务报表、投资组合报告等。在阅读时，只需挑选对投资有用的内容重点阅读，其他内容可粗略扫过。

以前海开源公用事业股票（005669）基金为例，重点查看基金过去一年的业绩表现，即第 3 部分：主要财务指标、基金净值表现及利润分配情况。图 3-14 为主要会计数据和财务指标部分内容。

			金额单位：人民币元
3.1.1 期间数据和指标	2020年	2019年	2018年03月23日（基金合同生效日）-2018年12月31日
本期已实现收益	10,383,050.17	3,566,372.30	-2,313,098.57
本期利润	37,074,137.99	5,708,031.36	-2,142,433.21
加权平均基金份额本期利润	1.1461	0.1097	-0.0181
本期加权平均净值利润率	92.95%	10.79%	-1.83%
本期基金份额净值增长率	56.99%	8.34%	-2.32%

图 3-14 前海开源公用事业股票基金期间数据和指标

接下来阅读"管理人报告"部分，该部分会说明基金管理人及基金经理情况、基金运作遵规守信情况、公平交易情况、投资策略和业绩表现。通过对该部分内容的阅读，投资者可以清晰地了解本基金的基金经理以及基金经理的投资风格和策略。

最后可阅读"投资组合报告"内容，了解基金资产组合情况。在投资组合报告中，还可以查看资金资产投资的行业类别。除了基金的年度报告外，基金还会公布季度报告，如果投资者要了解基金近期的动态可以查看基金季度报告。

3.3　捕捉行情优选好基金

市场的波动会导致基金投资需要关注市场行情，在不同的行情下，基金的投资选择也要有所变化。随时关注行情变化，选择契合当前行情的基金产品，对基金投资会更有利。

3.3.1　牛市行情下的基金选择策略

牛市是指呈上涨趋势的证券市场，虽然短期可能会遭遇波动，但市场总体运行趋势是向上的。随着牛市的到来，很多投资者都想借助这波行情来获取高收益，但牛市也不能盲目投资。

◆　购买绩优老基金

牛市行情下，选择买入绩优老基金往往更有优势。绩优老基金虽然净值较高，但经历了时间和市场的考验，基本上能真实地反映基金经理的管理水平。

新基金在牛市行情下很容易实现短期业绩的快速增长，但是一旦熊市行情到来或者市场风格发生突变，也可能经不起市场的考验。另外，新基金需要在走高的市场行情下热身、建仓，成本会较高。绩优老基金已经提前布局好了重仓股票，在牛市行情下不用去"抢货"，能够直接享受行情上涨带来的收益。

◆　选择高净值基金

很多新手投资者都偏向于购买净值较低基金，认为低净值基金的投资成本低。但投资者进行基金投资是为了获取投资收益，基金的收益回报与净值没有直接的关联。基金的短线交易费率较高，频繁"高抛低买"并不一定能获得理想的投资回报。

资产净值体现了基金价值，高净值的背后是基金经理投资能力的一种体现。在上升行情中，优秀基金经理的投资风格不会发生较大的偏移，能够保证业绩的稳定性。

◆ 适中规模较好

在牛市行情下购买基金也需要关注基金规模，部分投资者可能更偏好规模大的基金，但是基金的规模也会影响投资组合的流动性。规模太大，仓位调整起来会比较缓慢，调仓成本也会较高。适中规模的基金操作起来会更为灵活，也不容易面临清盘风险。基金规模大小并没有一个确切的评判标准，当前有很多基金的规模都超过了 100.00 亿元，综合来看，10.00 亿～ 50.00 亿元的规模是比较适中的。

3.3.2 熊市行情下的基金选择策略

熊市市场环境下，基金的收益不会很理想。在熊市行情下，关键要看基金的抗风险能力，看基金能否帮助投资者减少损失。投资者可通过仓位分析来判断基金的风险控制能力。

◆ 低仓位基金

熊市中整体看跌股市行情，这时仍保持高仓位的基金可能无法很好地躲避风险。在熊市中，低仓位的基金会有更强的抗风险能力，坚持高仓位的基金如果判断失误会面临较大的损失。

◆ 仓位并不是唯一的判断标准

在熊市，仓位高低并不是判断基金好坏的唯一标准，对股票型基金而言，限制了其股票配置的比例，因此，即使预测到了市场风险，股票型基金也难以将仓位降得很低。

◆ 看混合型基金的抗风险能力

混合型基金可以投资股票、债券、货币市场工具，股票的持仓可以灵活调整。因此，投资者可以在熊市行情下看哪些混合型基金更抗跌，从而判断那只基金更优秀。优秀的混合型基金可以在预测到市场风险后大幅降低仓位，在熊市行情下最大程度减少投资者的损失。

◆ 多考虑新基金

与牛市不同，熊市行情下投资者可以多考虑新基金。新基金会有一个建仓的时间，在底部区域的投资操作会比老基金更为灵活。对普通投资者而言，可以在熊市利用基金专业管理的优势，让基金经理去控制风险。

对稳健型投资者来说，也可以选择风险更低的债券型基金或货币型基金，在熊市为自己创造稳健收益。

3.3.3　震荡行情下的基金选择策略

面对走势并不明朗的震荡行情，市场持续上下波动无疑会让投资者对基金选择产生更多困惑，投资者可以考虑以下的基金选择策略。

◆ 用"固收"类基金避险

在震荡行情下，普通投资者很难预测震荡结束后市场是转为熊市，还是牛市。另外，震荡时期带来的收益波动也可能会对心理承受能力较低的投资者造成负面影响。这时，稳健型投资者可以果断采用"固收"类的基金来帮助自己度过震荡期，等到市场行情明朗后再转投其他基金。

"固收"类的基金追求稳健的投资策略，主要有二级偏债基金和偏债混合型基金。二级偏债基金会将 80% 的基金资产投资于债权，不超过 20% 的基金资产用于投资二级市场的股票。相比纯债基金，优秀的二级偏债基金的收益会更高。偏债混合型基金的股票持仓会更高，股票投资的比重占基金资产的 20% ～ 40%，通过更高的股票仓位来争取更大收益。

市场持续震荡下，"固收"类基金更能获取相对稳健的收益。目前，市场上的"固收"类基金也比较多元化，投资者可以结合基金业绩、基金抗风险能力、基金经理来选择收益稳健、风险可控的"固收"类基金。

◆ 选择灵活配置型基金

在震荡行情下，更需要灵活配置型的基金。灵活配置型基金对债权、股票没有硬性持仓要求，基金经理可以根据市场趋势来灵活调整持仓，从而规避市场的系统风险。灵活配置型基金更考验基金经理的投研能力，因此，选择灵活配置型基金时，应对基金经理和基金业绩表现有深入了解。

◆ 选择有经验的基金

面对震荡市场，如果做不到较准确市场预测，那么可以选择成功穿越牛熊市周期、经过市场磨炼后整体业绩表现较好的基金。震荡市买入基金后要保持耐心，通过长期持有来穿越震荡市。

3.4 筛选基金的小技巧

面对市场上的基金产品，还有一些小技巧能够帮助投资者节省筛选基金的时间，更快地找到适合自己的基金产品。下面具体来看看如何快速进行基金筛选。

3.4.1 从基金初选到加入终选

基金筛选可分三步，第一步确定筛选标准；第二步初选基金；第三步终选基金。

（1）确定筛选标准

根据投资目标来确定基金的筛选标准，常用的筛选指标有基金类型、业绩表现、基金公司、成立年限、赎回天数等。在确定筛选标准时，还可以根据个人偏好来加入其他筛选条件，如基金经理、投资风格、行业类型、晨星评级、近一年收益率大于 50% 等。

（2）初选基金

根据筛选标准初选出目标基金，如以基金类型—股票型、基金业绩—近 3 年前 100 名、基金规模 ≤ 50.00 亿元为筛选条件，得到的筛选目标基金见表 3-2。

表 3-2　筛选目标基金

基金名称	基金类型	近 3 年同类排名	资产规模
泰达转型机遇股票 A（000828）	股票型	1/269	15.54 亿元
汇丰晋信智造先锋股票 A（001643）	股票型	2/312	20.97 亿元
金鹰信息产业股票 A（003853）	股票型	2/291	15.63 亿元
工银生态环境股票（001245）	股票型	5/291	18.00 亿元
嘉实新能源新材料股票 A（003984）	股票型	8/308	46.79 亿元
中欧先进制造股票 A（004812）	股票型	9/308	20.13 亿元
招商稳健优选股票（004784）	股票型	12/312	1.61 亿元
……			

注：资产规模为截至 2021 年 6 月 30 日的资产情况

同类排名数据为截至 2021 年 8 月 24 日

（3）终选基金

如果目标基金比较多，那么再设置几个条件，进一步降低基金的筛选难度。比如对目标基金设置基金经理任职时长超过 3 年这一条件，按照基金经理任职年限由高到低进行基金排序，如表 3-3 所示。

表 3-3　进一步筛选目标基金

基金名称	现任基金经理	任职天数	任职回报
工银生态环境股票（001245）	何 ××	6 年又 85 天	172.80%
嘉实新能源新材料股票 A(003984)	姚 ××	4 年又 162 天	261.05%
泰达转型机遇股票 A（000828）	王 ×	3 年又 249 天	298.69%
金鹰信息产业股票 A（003853）	樊 ×	2 年又 317 天	424.56%
汇丰晋信智造先锋股票 A(001643)	陆 ×	2 年又 99 天	362.62%
招商稳健优选股票（004784）	钟 ×	1 年又 234 天	180.76%
中欧先进制造股票 A（004812）	卢 ××	1 年又 61 天	141.02%
……			

根据上表可以进一步筛选出满足条件的 3 只基金。将这些基金加入终选基金中，然后全面考查目标基金的基金公司、基金经理、历史业绩表现、基金年报等，综合评估出适合自己的基金产品。

比如基金经理的任职时长比较长，但任职年化小于目标值，如 20%，那么也可以放弃该基金。再比如基金近 3 个月的业绩表现好，但过往业绩表现波动较大，投资风格不够稳健，不符合自身投资理念（假设投资者的风格为谨慎稳健型），那么也没必要选择。

3.4.2　一个方法缩小基金选择范围

在进行基金筛选的过程中，要善于运用基金筛选工具来帮助自己缩小基金选择的范围。很多网上银行、第三方理财平台都提供基金筛选工具。下面以在天天基金网筛选基金为例，来看看如何缩小基金选择范围。

理财实例

在天天基金网筛选基金

进入天天基金网（https://www.1234567.com.cn/）首页，单击"基金筛选"超链接，如图 3-15 所示。

图 3-15　进入天天基金网首页

在打开的页面中设置筛选条件，可以设置基金类型、基金公司、基金业绩、基金主题、机构评级等筛选条件，如图 3-16 所示。

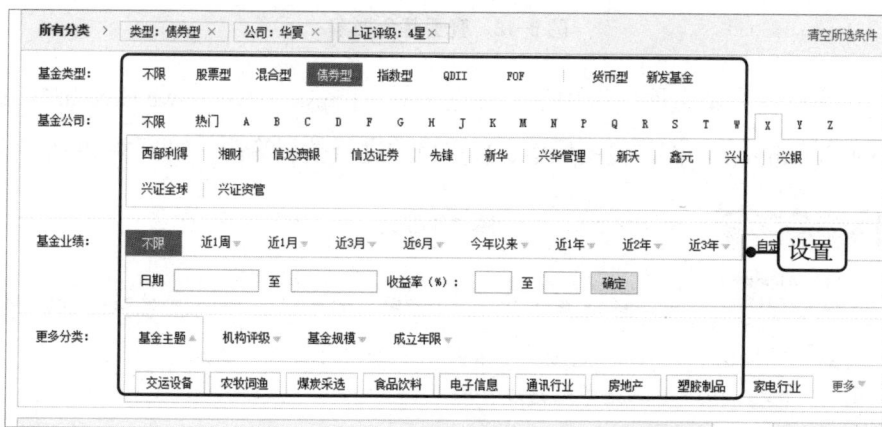

图 3-16　设置基金筛选条件

在下方可以查看到符合条件的基金产品，在筛选结果中还可以单击日期超链接对基金产品进行涨幅排序。单击基金名称超链接进入基金产品详情页，查看基金概况、基金经理、基金公司、阶段涨幅、持仓明细等数据，如图 3-17 所示。

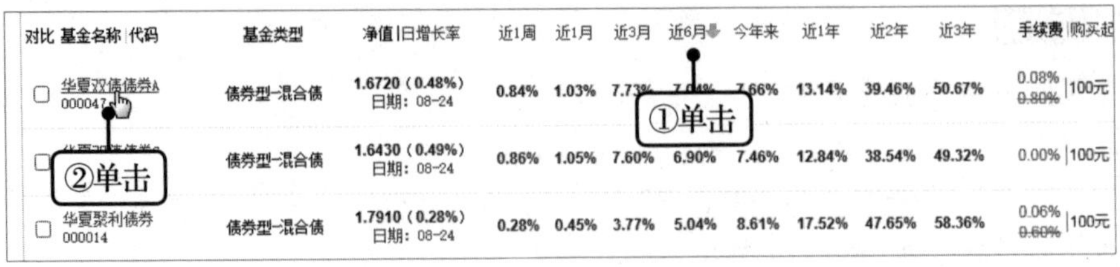

图 3-17　设置基金业绩排名

在基金产品详情页，单击要查看的基金档案数据超链接，查看基金档案信息，如图 3-18 所示。

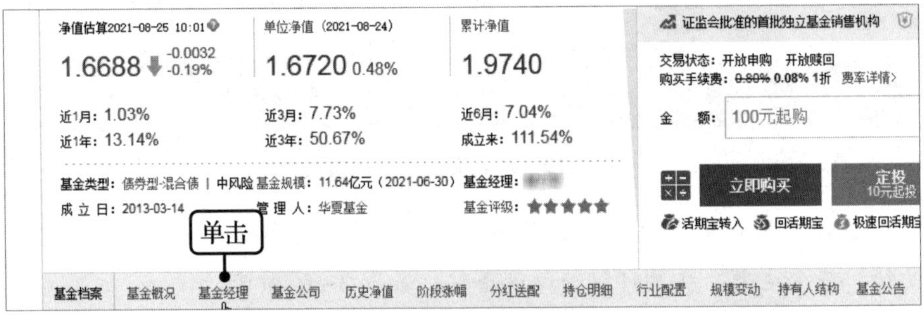

图 3-18　查看基金档案

使用好买基金网提供的基金筛选工具（https://www.howbuy.com/fund tool/filter.htm），能按投资风格、投资目的进行基金筛选，如图 3-19 所示。

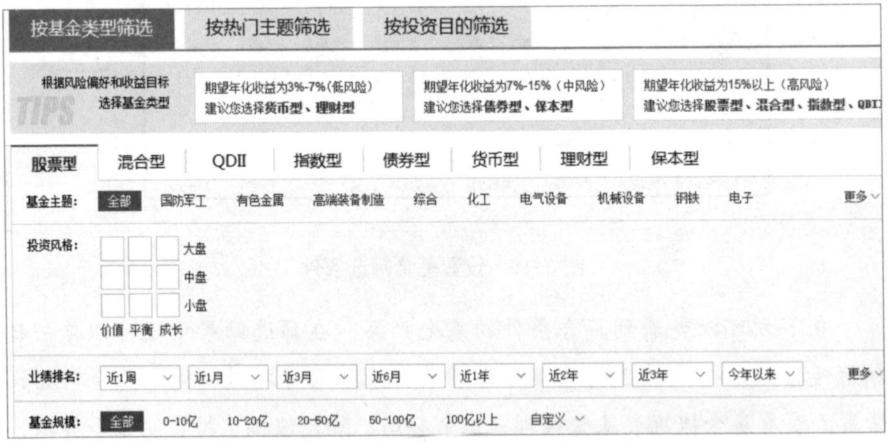

图 3-19　好买基金网基金筛选工具

3.4.3　对比筛选适合自己的基金

筛选出满足条件的基金产品后，将这些基金加入自选中进行对比，从中挑选出有投资意向的基金产品。下面同样以天天基金网为例，来看看如何将基金加入自选并进行对比。

理财实例

将基金加入自选并进行对比

在天天基金网首页单击"自选基金"超链接，如图 3-20 所示。

图 3-20　单击"自选基金"超链接

进入自选基金页面，在搜索文本框中输入基金简称或代码，单击"添加自选"按钮，如图 3-21 所示。

图 3-21　添加自选基金

按照同样的方法添加其他目标基金，在自选基金列表页可按净值估算、估算涨幅、单位净值、日增长率等条件对自选基金排序，单击"涨幅排行"超链接查看自选基金涨幅排行，如图 3-22 所示。

图 3-22　按单位净值进行自选基金排名

　　在涨幅排行页面，可以根据日期来查看自选基金的涨幅排行。这里要明确自身的理财目标，比如设定年化收益率高于 20%、2 年收益率高于40%、3 年收益率高于 60% 的投资获益目标，然后根据这一标准找到收益率表现满足条件的基金，将不满足条件的基金删除，单击"×"按钮即可删除对应的自选基金，如图 3-23 所示。

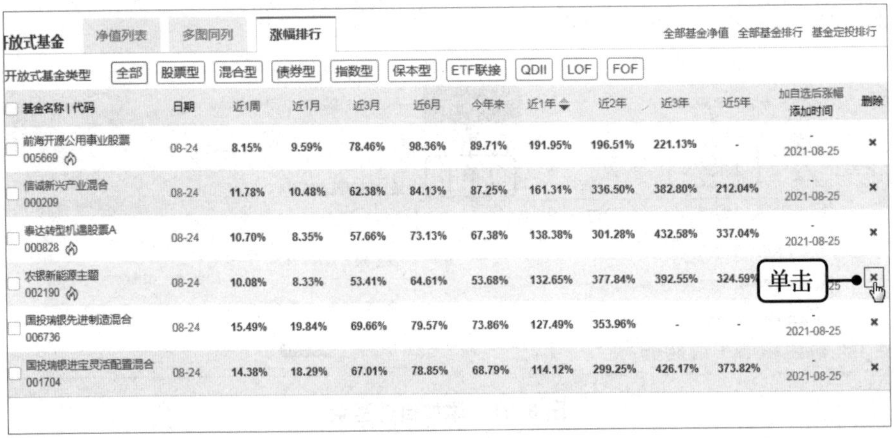

图 3-23　查看自选基金涨幅排行

　　设定预期投资获益目标时，要结合基金的产品类型来合理设定，而不是随意定一个目标值。例如，股票型基金可以以同期指数收益率作为参考，设定跑赢大盘指数这一获益目标；债券型基金可以以债券指数收益率作为参考，设定高于债券指数收益率的预期获益目标，再根据目标标准去筛选自选基金。根据收益率来筛选自选基金时，不应过度关注基金的阶段性收益，要看基金的长期表现。

3.4.4　通过评级进行基金筛选

普通投资者对基金做出的评价常常是比较主观的。在进行基金筛选时，投资者应重视专业机构对基金做出的评判。专业机构给出的基金评级更为公正客观，给了投资者一个第三方的参考依据，主要的基金评级机构有晨星、海通证券、上海证券等。

基金评级用星级展示，最高为五星，最低为一星。评级不会一成不变，会根据基金的表现上升或下降，如果基金的星级出现大幅下降，那么就值得投资者注意。

以晨星评级为例，晨星将每只具备 3 年以上业绩数据的基金归类，在同类基金中按照“晨星风险调整后收益”指标由大到小进行排序：前 10% 被评为 5 星；接下来 22.5% 被评为 4 星；中间 35% 被评为 3 星；随后 22.5% 被评为 2 星；最后 10% 被评为 1 星。图 3-24 为晨星网的基金评级情况。

快照　业绩和风险　投资组合　购买信息　　加入观察　取消观察　组合透视

	代码	基金名称	基金分类	晨星评级(三年)	晨星评级(五年)	净值日期	单位净值(元)	净值日变动(元)
1	000828	泰达宏利转型机遇股票A	普通股票型	★★★★★	★★★★★	2021-08-24	3.7760	0.1120
2	001643	汇丰晋信智造先锋股票A	普通股票型	★★★★★	★★★★★	2021-08-24	4.2337	0.0664
3	001644	汇丰晋信智造先锋股票C	普通股票型	★★★★★	★★★★★	2021-08-24	4.1147	0.0645
4	003853	金鹰信息产业股票A	行业股票 - 科技、传媒及通讯	★★★★★	☆☆☆☆☆	2021-08-24	4.4978	0.0600
5	005885	金鹰信息产业股票C	行业股票 - 科技、传媒及通讯	★★★★★	☆☆☆☆☆	2021-08-24	4.4897	0.0599
6	000209	信诚新兴产业混合	积极配置型	★★★★★	★★☆☆☆	2021-08-24	5.4170	0.1060
7	000336	农银研究精选混合	积极配置型	★★★★★	★★★☆☆	2021-08-24	5.2532	0.0993
8	003834	华夏能源革新股票A	普通股票型	★★★★★	☆☆☆☆☆	2021-08-24	3.9980	0.0600
9	001245	工银生态环境股票	普通股票型	★★★★★	★★★★☆	2021-08-24	2.7820	0.0540

图 3-24　晨星网基金评级

投资者可以在基金产品介绍页面、评级机构官网、第三方理财平台查看基金评级，如图 3-25 所示。

图 3-25 在基金产品详情页查看评级

参考评级时要注意，星级高的基金并不一定就是低风险基金。上图中信诚新兴产业混合（000209）基金的晨星评级为五星，前海开源公共事业行业股票（005669）基金的晨星评级为四星，都为中高风险基金。

根据基金评级筛选基金时，还要考虑自身风险承受能力，不能因为基金星级高就忽视风险。另外，不同类型的基金也不能单纯用星级来评价基金优劣。

理财贴士 *不能盲目迷信星级*

基金评级并非万能工具，是以基金的过往业绩表现作为评级依据，这使得星级的评定具有滞后性。投资者可以将星级作为筛选基金的参考依据，但不能盲目迷信星级。

第4章

基金组合，适合工薪族的投资策略

　　不同类型的基金按风险大小排序，由低到高分别为货币型、债券型、混合型、股票型。投资者可根据自身理财需求，将不同风险的基金组合配置，能有效分散风险，即使遇到极端市场情况时，也能更好地应对。

4.1 改善风险的基金组合

"不要将鸡蛋放在同一个篮子里"是一种有效的风险控制方法。虽说基金本身就具有组合投资的优势，但基金只能做到分散部分风险，仍有本金亏损的可能。构建基金组合，能实现基金风格的互补，有效地分散风险。

4.1.1 工薪族为什么要买基金组合

很多工薪族在进行基金投资时会产生疑问：买基金本就是看中了基金组合投资的优势，再构建基金组合是不是多此一举？这里需要明确构建基金组合的真正意义，对投资者来说，构建基金组合有以下重要意义。

◆ 分散风险，提高收益

不同类型的基金，投资风险和收益有很大的差异。投资单只基金，一旦市场行情出现起伏，就可能面临极大的打击。这时，组合投资的优势就会凸显。组合投资不同品种、风格的基金，能在分散风险的同时提高投资回报。

以简单的债券型基金＋股票型基金组合投资为例，股市表现较好时，债券型基金能保持稳定收益，股票型基金能为投资者博取更高的收益。但市场行情总是存在起伏的，在股市震荡下跌时，股票型基金也可能大跌，但组合中的债券型基金能为投资者提供稳健收益，大大降低了投资风险。

若单独持有债券型基金，虽然风险较小，但收益不会很高；若单独持有股票型基金，就要面临高收益下的本金损失风险。相较于单基金投资，即使简单的股债组合都能为投资者分散风险。

◆ 资产配置，均衡投资

基金组合的另一个意义是资产配置、均衡投资。面对复杂的经济环境，投资者并不能绝对准确地预测市场、行业的走向。以股票市场为例，股票市场有金融业、建筑业、航空、科技、新能源等行业板块。热点行业板块可能会持续上涨，但热度过后，前期热门的行业板块也可能大幅回调，而前期大跌的行业板块，则可能止跌企稳甚至上涨迅猛。

基金组合投资能让投资策略更均衡，如果组合中有重点布局航空装备、工业金属的基金，也有主要部署锂电池、TMT 的基金，这样不管市场如何变动，都能保证组合中有表现良好的基金。图 4-1 就能很好地说明基金组合投资的优势。

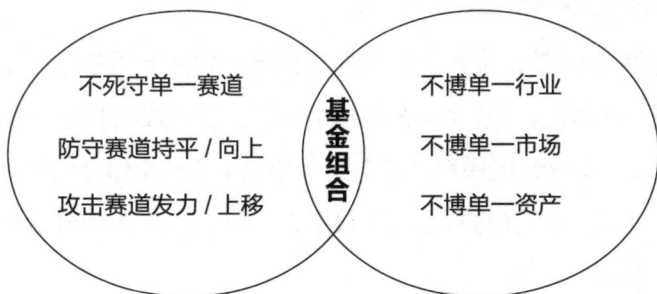

图 4-1 基金组合投资的优势

4.1.2 用基金组合分散风险

基金组合能够降低整体收益波动风险，提高投资的稳定性，但基金组合并不是简单地买多只基金，科学组合才能实现分散风险、提高收益的目的，下面来看一个案例。

理财实例

张先生的单一基金组合投资

张先生是一名新媒体工作者，目前处于人生奋斗期，工作收入比较稳定。张先生有很强的理财意识，希望通过投资来扩大自身财富水池。在众多理财产品中，他决定投资省心、省时的基金。

在理财平台进行风险测评后，显示张先生的风险类型为稳健型投资者。为了分散风险，张先生决定进行基金组合投资。张先生特别偏爱股票型基金，认为股票型基金可以获取高收益，于是他在理财平台购买了 20 只股票型基金，总投资金额为 10 000.00 元。张先生认为这样就做到了基金组合投资，可以降低投资的风险。

3 个月后，张先生进入理财平台查看投资收益，令张先生没想到的是，自己构建的基金组合并没有为自己带来正收益，相反带来了较大的本金损失。原来，这 3 个月来，股市行情整体涨少跌多。张先生的组合中全是高风险的股票型基金，这类基金股票持仓都很高，在不断走低的股市行情下，股票基金也会受影响出现较大的亏损。

上述案例中的张先生并没有结合自身风险承受能力来选择基金产品，而是根据个人偏好选择基金。在构建组合时，虽然没有把所有的钱都投到一个产品中，但 100% 的股票型基金组合却犯下了基金组合的常见错误——盲目分散。张先生持有的基金数量很多，却没有真正做到分散风险，这种基金组合配置是危险的。

现实生活中，很多投资者都清楚基金组合可以降低风险，但在进行组合配置时，却将组合单纯地理解为数量越多越好，于是，投资了很多只基金，错误地认为这就是构建了合理的基金组合。

科学的基金组合应匹配自身投资目标，同时要考虑自身风险承受能力。投资多只同一类型、风格的基金，不会取得很好的风险分散效果，比如买入多只重仓航空设备的股票基金，分散风险的效果很有限。

除此之外，基金数量也不是越多越好，在没有太多资金的情况下，没必要分散投资太多基金。优选几只符合自身投资需求的基金，根据不同基金的特点进行科学组合，才能降低风险，实现稳步收益和增值的目的。

与张先生不同，李先生在构建基金组合时考虑到了自身的风险承受能力，同时匹配了自身的投资目标，基金组合更为合理，下面就来看看李先生的基金组合案例。

李先生的股债基金组合投资

李先生是一名稳健型投资者，他决定拿出 10 000.00 元进行基金投资，这笔资金短期内不会使用。李先生希望通过基金投资获取较为稳定的收益，但又不满足平均收益，希望争取更高的预期收益。

结合资金用途和投资目标，李先生构建了稳健固收打底＋股票增强的基金组合配置，资产配置比例为 8：2，用 8 000.00 元购买收益稳健的债券型基金，用 2 000.00 元购买股票型基金。

3 个月后，李先生查看了自己的基金组合收益，投资收益达到了自己预期的 15% 的投资目标。股票型基金有涨有跌，在市场下跌时，有债券型基金为自己稳住收益，使基金组合的整体跌幅相对较小；在市场上涨时，有股票型基金为自己提高收益能力，李先生的基金组合为自己带来了理想的投资回报。

上述案例中李先生的基金组合比较合理，考虑到自身风险承受能力，以安全性为主，根据自身实际情况选择了两种不同类型、风险的基金，把80% 的资金投资于债券型基金，剩下的投资于股票型基金，做到了分散配置、降低风险、稳健收益。

4.1.3　构建基金组合的基本要点

合理的基金组合才能帮助投资者有效分散投资、降低风险，投资者在构建基金组合时要把握以下要点。

◆　匹配自身的投资目标

在构建基金组合时，投资者首先要明确个人的投资目标，让基金组合尽量匹配自身的投资目标，以下面两种投资目标为例。

①假设投资目标是养老储蓄，那么这笔资金的主要目的就是保本升值，风险承受能力不会很高。基金组合中要多配置中低风险的产品，适量配置中等风险、中高风险基金，避免因过多地投资高风险基金产品而导致养老资金亏损过多。

②假设投资目标是博取高收益，那么这笔资金的主要目的就是实现财富增值，风险承受能力较高。为提高投资回报，组合中要多配置高风险、中高风险基金，再用少量中低风险、低风险基金产品来均衡整体收益的波动。

总的来说，投资的期望值不同，基金组合的配置也要不同。

◆ 基金数量不宜过多

构建基金组合不等于持有很多只基金，科学的基金组合是将权益类基金与固收类基金合理配置，提高抗风险能力，让基金投资更有效率。一般来说，持有 3 ~ 5 只基金就能有效帮助投资者分散风险了，在具体配置组合时，还应结合所投资金的多少来确定持有基金的数量。

①资金量小，精选一两只基金持有即可，等到有了更多的投资资金时再追加投资，或者增加持有基金的数量。

②资金量大，根据自身风险承受能力和投资需求，选择 3 ~ 7 只基金构建组合，根据市场行情变化适时调整组合配置。

◆ 分散组合的方式

分散组合的具体方式是让投资多样化，使一个基金组合中含有不同类型、风格的产品。如果基金组合中全是同一种类型、风格的基金，实际等于还是购买了一篮子的单只基金，分散组合的意义并不大。

科学的基金组合，每一只基金会扮演不同的角色。以常见的固收类＋权益类基金组合为例，固收类基金具有稳定收益的作用，权益类基金具有博取超额收益的作用，如图 4-2 所示。

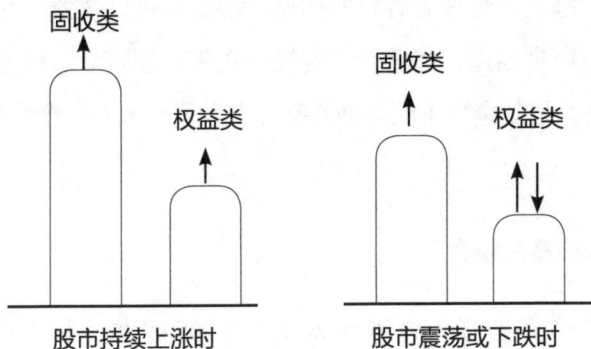

图 4-2　基金组合示意图

科学的基金组合有两个特点，一是组合中有不同类型的产品，二是不同比例搭配，图 4-3 为基金组合示例。

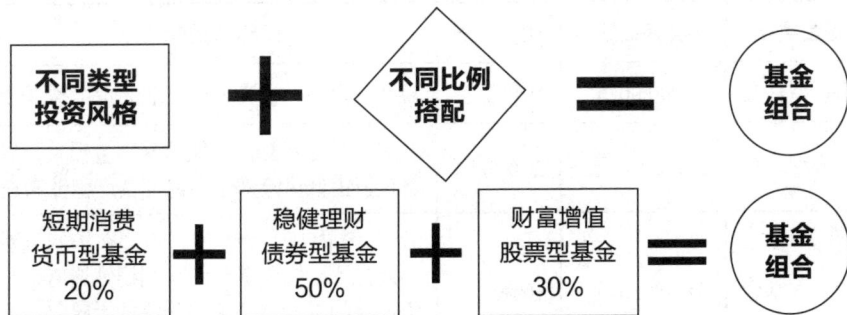

图 4-3　基金组合示例

4.1.4　基金组合的几种思路

每个工薪族的投资需求都是不同的，基金公司也会根据不同人群的需求推出有差异的基金产品。这为投资者进行个性化基金组合配置提供了有利条件。每个投资组合中持有的基金可能会有很大的差异，但组合的总体思路却是相通的。基金的常用组合思路有以下 3 种。

（1）按资金用途组合

家庭中的每笔资金都有各自的用途，投资者可以按资金用途进行组合配置。即根据资金用途，将资金分别投资在货币型基金、债券型基金、混合型基金、股票型基金等不同类型的基金上。下面来看一个案例。

理财实例

按资金用途构建基金组合

何先生工作两年了，总共储蓄了 100 000.00 元。这 100 000.00 元中有 10 000.00 元短期内需要使用，20 000.00 元要用于解决突发大额开支，70 000.00 元要用作未来购房储蓄。针对以上资金需求，何先生构建的基金投资组合见表 4-1。

表 4-1　何先生的基金投资组合

基金类型	投资金额	比　例	组合逻辑
货币型基金	10 000.00 元	10%	短期内要用，投资灵活存取的货币型基金
债券型基金	20 000.00 元	20%	要应对突发开支，不能承受本金损失，尽量投资中低风险基金，保证资产稳健增长
混合型基金	50 000.00 元	50%	3～5年内都不会使用，希望在控制风险的前提下，实现资金的长期稳健增值，投资偏债的混合型基金，获取低于股票，但高于债券、货币市场工具的收益
股票型基金	20 000.00 元	20%	3～5年内都不会使用，希望通过权益基金投资为自己进一步积累购房资金，选择投资中高风险的股票型基金

总体来看，何先生采用的是稳中求进的基金组合策略，保证资金稳健增长，但也追求弹性增值。针对不同用途的资金，分别投资不同类型的基金产品。

短期要用的资金选择高流动性基金；用于应对临时性的大额开支的资

金，则力求保证本金安全，实现资金稳健增长，避免急用钱时拿不出来；为未来购房储蓄的资金，以风险控制为先，没有全部投资风险较高的股票型基金，考虑到稳健增值的需求，以偏债混合型基金为主。

（2）按投资风格组合

同一类型的基金受基金经理投资风格的影响，收益特征也会不同。从平衡投资风格的角度出发，按基金的投资风格来进行组合配置，也是一种常用思路。

这样组合的好处在于，能规避集中投资的风险，比如将"生钱的钱"全部投资"大盘—新能源板块"基金，将无法很好地抵御市场周期变化中行业板块轮动带来的风险。如果将基金的资产细分为"大盘/成长型基金＋中小盘/平衡型基金"，这样不仅能分散风险，还能分享行业板块轮动所带来的收益。基金的投资风格可以从两方面来分析，一是基金持仓股票的规模，二是股票的成长性。

持仓股票的规模。根据基金持仓股票的市值，可分为大盘、中盘和小盘。基金投资的方向为大盘股，即为大盘基金；投资中小盘股被称为中小盘基金。发行在外的流通股份数额较大的上市公司的股票称为大盘股，流通股份数额较小的上市公司的股票称为小盘股，介于两者之间的为中盘。大盘股多分布于主板市场。

持仓股票的成长性。根据基金持仓股票的成长性，可分为价值型、成长型和平衡型。价值型以价值增长类股票为主要投资目标，收益相对更稳定；成长型以增速快、发展潜力大的股票为主要投资目标，升值空间大，但风险也大；平衡型持仓会综合考虑股票价值和成长指标，没有明显的偏向。

根据以上两方面，可结合股票投资风格箱来认识基金的投资风格，如表 4-2 所示。

表 4-2　股票投资风格箱

投资风格	价　值	平　衡	成　长
大盘	大盘价值	大盘平衡	大盘成长
中盘	中盘价值	中盘平衡	中盘成长
小盘	小盘价值	小盘平衡	小盘成长

了解了基金的投资风格后，可结合自身风险承受能力，从平衡投资风格的角度考虑，把大盘价值、中盘平衡、小盘成长等投资风格组合配置，让基金能攻能守。

（3）按投资行业组合

部分基金也有明显的行业主题偏好，比如鹏华国证钢铁行业指数（LOF）A（502023）、博时军工主题股票 A（004698），从基金的名称就可以看出基金的行业偏好。若基金投资过于集中某个行业，那么重仓行业的波动将会给基金收益带来较大的影响。这时投资者可按不同行业进行基金组合配置，分散投资风险。

4.1.5　深入了解基金投资风格

前面知道了通过投资风格构建基金组合的思路，但很多投资者不清楚该如何判断基金的投资风格。借助金融机构提供的股票投资风格箱，能帮助投资者快速了解一只基金的投资风格。下面以晨星网为例，来看看如何查看基金的投资风格。

理财实例

通过晨星网了解基金投资风格

进入晨星网（https://www.morningstar.cn/）首页并登录（没有账号的

投资者可先注册），在搜索文本框中输入基金名称，单击基金名称超链接，如图 4-4 所示。

图 4-4　进入晨星网首页

在打开的页面中查看晨星股票投资风格箱，本基金 2020 年 12 月 31 日大盘成长、大盘平衡、大盘价值分别占比 38.10%、19.09%、0%，大盘股总占比为 57.19%；中盘成长、中盘平衡、中盘价值分别占比 15.81%、18.66%、0.01%，中盘股占比为 34.48%；在成长、平衡、价值风格中，成长占比最高，为 53.91%，因此该基金的风格为大盘－成长型。在行业分布中，查看基金的主要行业分布，该基金主要投资于制造业，占净资产的 78.74%，如图 4-5 所示。

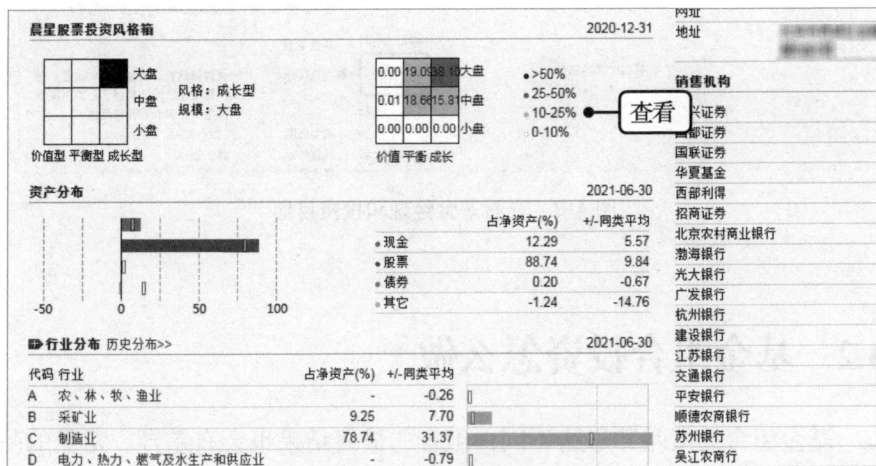

图 4-5　查看基金投资风格

晨星股票投资风格箱只能作为基金投资风格的参考，因为基金经理会对持仓进行动态调整。因此，还要看基金的持仓调整情况以及基金经理的投资理念。实时跟踪基金持仓的变动情况，能帮助投资者做出更为准确的判断，在“持仓分析”栏中查看基金的持仓情况，如图 4–6 所示。

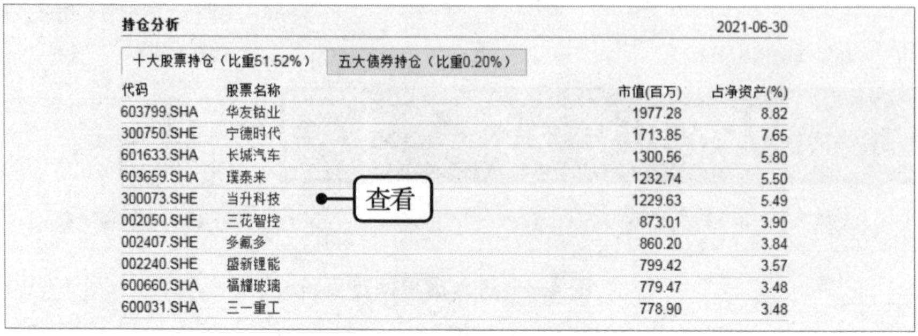
持仓分析 2021-06-30

十大股票持仓（比重51.52%） 五大债券持仓（比重0.20%）

代码	股票名称	市值(百万)	占净资产(%)
603799.SHA	华友钴业	1977.28	8.82
300750.SHE	宁德时代	1713.85	7.65
601633.SHA	长城汽车	1300.56	5.80
603659.SHA	璞泰来	1232.74	5.50
300073.SHE	当升科技	1229.63	5.49
002050.SHE	三花智控	873.01	3.90
002407.SHE	多氟多	860.20	3.84
002240.SHE	盛新锂能	799.42	3.57
600660.SHA	福耀玻璃	779.47	3.48
600031.SHA	三一重工	778.90	3.48

图 4–6 查看基金股票持仓

在“基金经理”栏中了解基金经理，在“基金管理”栏中查看基金的投资目标，如图 4–7 所示。

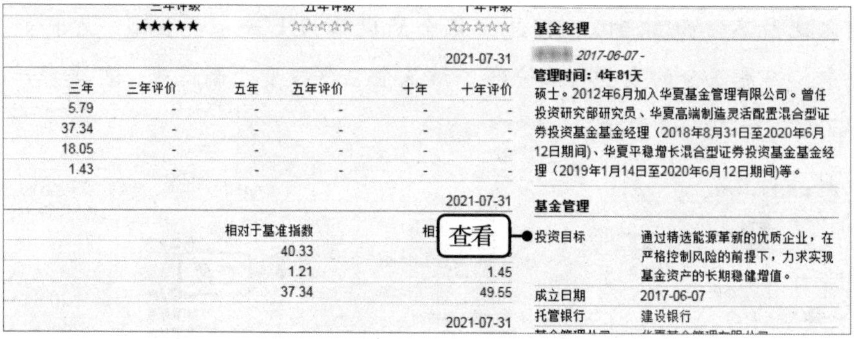

图 4–7 查看基金经理和投资目标

4.2 基金组合投资怎么做

基金组合的策略和思路不同，组合的最终结果也会有差异。常见的基金组合形式有哑铃式、核心卫星式和金字塔式。这些组合形式各有特点，工薪族可以选择适合自己的形式构建基金组合。

4.2.1 哑铃式基金组合

哑铃式组合是指将两种风险、收益不同的基金进行组合配置，具体可按基金类型、成长性、投资方向来进行组合。这种投资组合形似哑铃，因此被称为哑铃式组合。

典型的哑铃式组合由股票型基金与债券型基金、价值型基金与成长型基金、大盘基金与中小盘基金等有明显差异的基金组成，图 4-8 为哑铃式基金组合示意图。

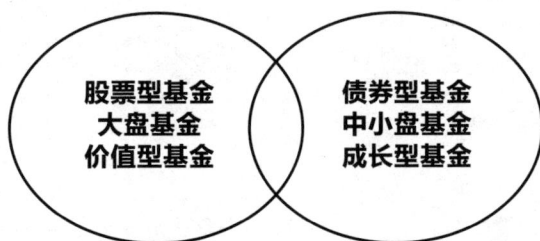

图 4-8　哑铃式基金组合示意图

从上图可以看出，哑铃式基金组合的结构比较简单，能够实现兼具两种基金产品的优点。以股票型基金和债券型基金为例，股票型基金为"进攻式"配置，债券型基金为"防守式"配置，两种基金风险收益特征不同，组合后让基金投资能攻善守。

哑铃式基金组合一般将两种风格差异较大的基金按 1 ：1 的比例进行配置。对投资者来说，这样的组合方式更便于管理，也能实现不同基金产品之间的优势互补。

在运用哑铃式基金组合时，要把握住哑铃组合的核心，其核心是选取两类差异大、相关性低的基金产品进行组合。

因此，在选择哑铃组合的基金产品时，要重点看两只基金相关性的高低，下面来看一个案例。

理财实例

构建哑铃式基金组合

王先生想利用基金组合分散风险。由于工作原因，王先生没有太多精力去筛选基金，他决定选择相对简单的哑铃式基金组合模式。在基金市场，王先生选择了富荣中证 500 指数 A（004790）和西部利得沪深 300 指数增强 A（673100），按 1 ∶ 1 比例均衡投资。图 4-9 分别为两只基金的晨星股票投资风格箱。

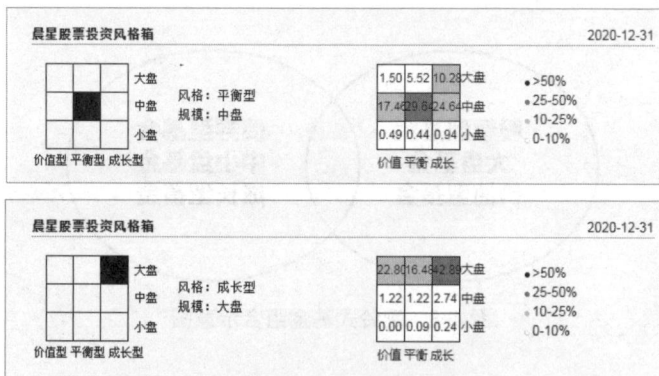

图 4-9　晨星股票投资风格箱

富荣中证 500 指数 A 跟踪中证 500 指数，投资风格为中盘—平衡型；西部利得沪深 300 指数增强 A 跟踪沪深 300 指数，投资风格为大盘—成长型。中证 500 指数在其样本空间中剔除了沪深 300 指数成分股。王先生选择分别投资中证 500 指数基金和沪深 300 指数基金，使两只基金的相关性低，投资风格也不同，能有效应对板块轮动。

理财贴士　*灵活运用哑铃式基金组合*

运用哑铃式基金组合时，也可以结合自身风险承受能力来进行个性化配置，而不必完全按照 1 ∶ 1 的比例来构建基金组合。风险承受能力较差的投资者可以多配置风险较低的基金，如 80% 债券型基金、20% 股票型基金。风险承受较强的投资者可以提高高风险、高收益基金的持有比例，如 75% 股票型基金、25% 债券型基金。风险承受能力中等的投资者可按 1 ∶ 1 比例配置，实现平衡配置。

4.2.2　核心卫星式基金组合

核心卫星式基金组合是一种相对灵活的基金组合方式。在构建组合时，选择一只业绩表现出色的基金作为核心基金，这只基金是组合中的重点投资对象，再选择部分优秀的基金作为"卫星"，这就是"核心＋卫星"组合策略。图 4-10 为核心卫星式基金组合示意图。

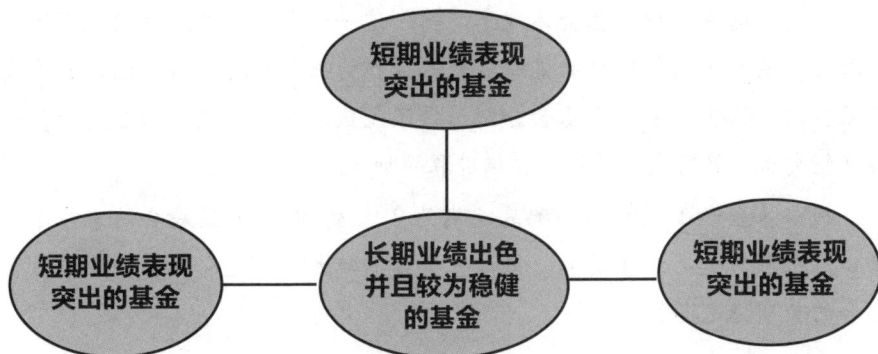

图 4-10　卫星式基金组合示意图

采用核心卫星策略构建基金组合，投资者可以根据自身的风险偏好来选择基金，让组合满足个人投资需求。假设投资者有很强的风险承受能力，且希望通过基金投资获取超额收益，那么核心基金就可以选择平稳增长型的基金产品，保证组合的整体收益；卫星基金就可以选择进取型、有弹性的基金产品，通过主动求进来争取投资回报。下面来看一个案例。

理财实例

构建核心卫星式基金组合

于先生是一位成长型投资者，他对基金的投资期望是用一定的风险换取良好的投资回报。考虑到自身的风险承受能力和投资需求，于先生决定采用核心卫星式基金组合策略。

相比限行业的股票型基金，指数型基金不会因为某一行业的风险暴露而导致大幅回撤。综合考虑后，于先生决定投资比较适合长期持有的上证50指数基金。上证50指数基金以蓝筹股作为主要投资标的，业绩表现会比较平稳。

最终，于先生选择了一只基金规模中等，不太容易发生清盘风险，从基金跟踪指数的偏离度和误差来看，长期表现比较稳健的上证50指数基金产品。

于先生选择的核心基金体现了"稳"这一特点。在风险可控前提下，又配置了两只主动管理型的偏股混合基金作为卫星基金，为自己博取更高收益。这两只主动管理型基金分别选择了光伏、半导体两大细分行业，短期业绩突出，具有小而灵活、积极进取的特点。

核心基金和卫星基金的配置比例为7：3。两只卫星基金的仓位小，所以在配置时更为积极进取，核心基金占据较大的资金仓位，保障了基金组合的长期稳定增长。

通过上述案例可以看出，于先生的基金组合属于中高风险核心卫星式组合配置，充分体现了自身的投资风格。

灵活性是核心卫星式基金组合的优势，核心基金和卫星基金的资产配置比例主要根据个人风险偏好来确定。持有后，还可以根据市场走势来调整卫星基金。核心基金主要选择长期业绩出色并且较为稳健的基金，属于长期持有的基金，没必要频繁调整。根据个人风险承受能力，常见的核心卫星式基金组合方式有以下三种，可供投资者参考。

保守型投资者：货币型基金70%、债券型基金25%、股票型基金5%。

稳健型投资者：货币型基金20%、债券型基金70%、股票型基金10%。

进取型投资者：货币型基金10%、债券基型金10%、股票型基金80%。

相比哑铃式基金，核心卫星式基金组合更强调基金的筛选能力，在组合配置时，投资者需慎重筛选核心基金。若核心基金选择错误，会给投资

收益带来较大影响。核心基金池一般占整体资产的 70% ~ 80%，配置 1 ~ 3
只基金；卫星基金池占 20% ~ 30%，配置 3 ~ 5 只基金。具体进行基金组
合配置时，还可以结合表 4-3 的思路进行组合。

表 4-3　核心卫星式基金组合的思路

组合策略	思　　路
阿尔法（α）-贝塔（β）组合	用 70% ~ 80% 基金资金投资股票型基金，长期持有，博取阿尔法收益；用 20% ~ 30% 的基金资产投资指数型基金，根据市场做战术性调整，赚取贝塔收益。阿尔法很考验基金经理的择股能力，因此要重点考查基金经理
固收型 + 权益型组合	用 70% ~ 80% 基金资金投资固收类基金，长期持有，如债券型基金、偏债混合型基金，赚取绝对收益；用 20% ~ 30% 的基金资金投资权益类基金，如偏股混合型基金、股票型基金，增加组合回报
备注：阿尔法收益指跑赢大盘的超额收益，贝塔收益指跟随市场获得平均收益	

4.2.3　金字塔式基金组合

金字塔式基金组合是根据金字塔的"塔基""塔身""塔尖"来配置
基金组合。"塔基"配置稳健型的基金产品，如货币型基金、债券型基金；
"塔身"配置中风险兼顾收益的基金，如指数型基金、混合型基金；"塔尖"
配置高成长性基金，如股票型基金。整体来看，金字塔式基金组合有以下
特点。

底部要稳，用收益稳健的基金作为底层基石。

腰部要挺，用与市场大趋势接近的基金构建腰部。

顶部要尖，用高成长性基金筑建塔尖。

金字塔式组合通过高、中、低不同风险基金的组合配置，帮助投资者
实现资产保值、增值。图 4-11 为金字塔式基金组合示意图。

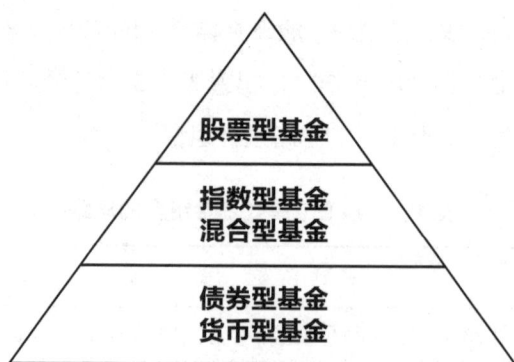

图4-11　金字塔式基金组合示意图

在金字塔基金组合中，投资者可以根据人生阶段和理财目标来灵活调整组合，下面来看一个案例。

理财实例

构建金字塔式基金组合

赵先生正处于家庭成长期，工作稳定，收入也不错，有社保和商业保险。日常生活费、子女教育费用、房贷是家庭的主要开支，除去固定开支后，还能有一部分盈余。根据现阶段家庭的经济现状，金字塔基金组合比较适合赵先生的理财需求。赵先生设置了4个账户，按照4：3：2：1的比例进行资产配置，具体组合情况如图4-12所示。

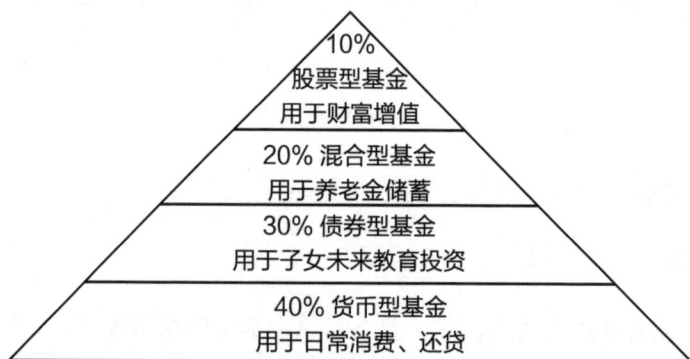

图4-12　资产配置具体组合（4：3：2：1）

赵先生根据资金用途，按风险大小来配置基金组合，将 40% 的资产投向货币型基金。这笔钱为"零钱账户"，主要用于日常开支和应急，因此，利用货币型基金的余额理财功能来做安全投资。

此阶段，赵先生也需要考虑子女教育金、养老金储蓄等中长期理财目标。子女教育金是刚性需求，用 30% 资产投向债券型基金，换取稳健的收益。养老金要通过长期理财来储蓄，用 20% 资金投向混合型基金，通过长期持有来获取正收益。剩下 10% 的资金用作股票型基金投资，帮助自己实现资产增值目标。

上述案例中的赵先生充分利用了金字塔基金组合的优势，让基金组合中有防御型产品、进攻型产品，也有稳健型产品，保证了基金资产既能获取基础收益，又能力争超额收益。

在金字塔基金组合中，塔基的部分一般不要少于基金资产的 40%，塔尖部分不要超过 30%。可采用 5 : 3 : 2、5 : 4 : 1 的比例进行组合配置，这样更为稳健，也能获取弹性收益。

4.2.4　构建适合自己的投资组合

前面介绍的几种基金组合方式，并没有优劣之分，只有适合自己的才是好的基金组合。那么投资者要如何从零开始构建适合自己的投资组合呢？

（1）新手投资者

对新手投资者而言，不用在第一次投资时就构建组合，可以先从自身需求出发，考虑基金的收益和风险性，选择适合自己的基金试水投资。有一定风险承受能力的新手投资者可优先考虑宽基指数基金。宽基指数基金覆盖面广，投资风格明确，不像主动型基金那样风格千变万化。

持有宽基指数基金能训练自身的投资能力，让自己适应市场波动，后期便于进行基金组合调整，常见的宽基指数基金有上证 50 指数基金、沪深

300 指数基金、中证 500 指数基金等。

如果想要更稳妥试水投资，也可以选择红利指数基金。这类基金分红稳定，抗风险能力比一般指数基金强，收益率表现也会更稳定，就算持仓的股票不涨，也能获取分红收益。图 4-13 为富国中证红利指数增强 A（100032）基金的分红送配情况，从图中可以看出，几乎年年都有分红。

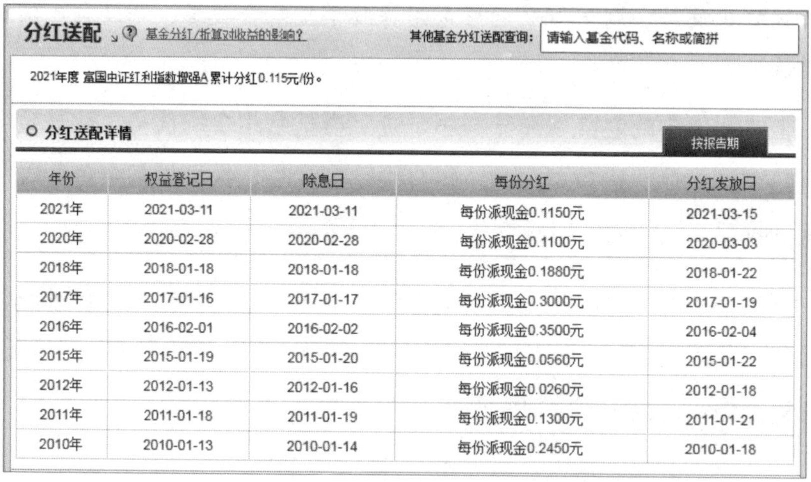

分红送配 基金分红/折算对收益的影响？ 其他基金分红送配查询：请输入基金代码、名称或简拼

2021年度 富国中证红利指数增强A 累计分红0.115元/份。

分红送配详情 按报告期

年份	权益登记日	除息日	每份分红	分红发放日
2021年	2021-03-11	2021-03-11	每份派现金0.1150元	2021-03-15
2020年	2020-02-28	2020-02-28	每份派现金0.1100元	2020-03-03
2018年	2018-01-18	2018-01-18	每份派现金0.1880元	2018-01-22
2017年	2017-01-16	2017-01-17	每份派现金0.3000元	2017-01-19
2016年	2016-02-01	2016-02-02	每份派现金0.3500元	2016-02-04
2015年	2015-01-19	2015-01-20	每份派现金0.0560元	2015-01-22
2012年	2012-01-13	2012-01-16	每份派现金0.0260元	2012-01-18
2011年	2011-01-18	2011-01-19	每份派现金0.1300元	2011-01-21
2010年	2010-01-13	2010-01-14	每份派现金0.2450元	2010-01-18

图 4-13　富国中证红利指数增强 A 基金分红送配详情

理财贴士 *宽基指数和红利指数*

宽基指数中的股票没有行业区分，覆盖面广，成分股数量较多，这类指数投资者接触得比较多。红利指数为一种策略指数，由股息率最高、现金分红最多的股票组成。

（2）有一定经验的投资者

有一定投资经验的投资者可以开始构建基金组合，选取前面介绍的几种策略进行组合配置，在配置时要注意以下 3 点。

①组合中的基金要是自己能坚持持有的。

②组合中的基金要形成明显互补。

③组合中的基金是有充分了解的。

筛选出基金后可以进行组合分析，看组合是否符合自身投资目标和风格，同时也了解组合配置是否合理。首先根据表 4-4 列出组合中的基金。

表 4-4　基金组合占比

基　　金	类　　型	占　　比	风格类型
××稳健增长	债券型	20%	均衡风格
××价值精选	混合型	20%	深度价值
××精选混合	混合型	10%	成长价值
××成长股票	股票型	5%	成长风格
……			

根据列出的基金组合，了解基金组合中货币、债券、股票所占比例，以及风格类型，假设组合的投资标的比和风格类型如图 4-14 所示。

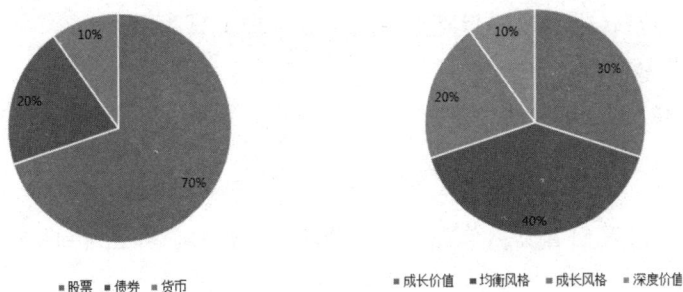

图 4-14　基金组合投资比例和风格类型分析

分析组合中基金的相关性，是否能实现互补。如果要在行业上实现分散，则将基金的行业主题偏好罗列出来，同样用饼图进行分析，看组合是否符合自己的行业组合思路，如图 4-15 所示。

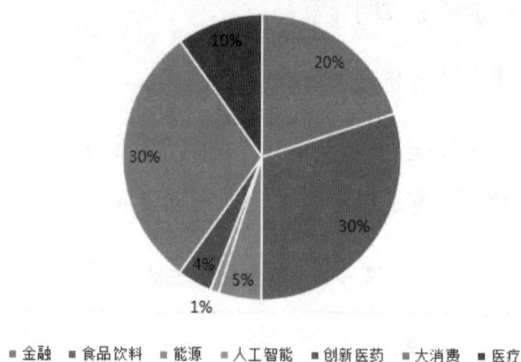

■金融 ■食品饮料 ■能源 ■人工智能 ■创新医药 ■大消费 ■医疗

图 4-15　基金组合行业分布分析

通过以上几步，基本上能看出基金组合是否符合自身的组合逻辑和投资能力。基金组合配置是比较个性化的，投资者要有自己的一套标准，这样才容易找到适合自己的基金，否则容易挑花眼。比如资金用途＋核心卫星策略更适合自己，那么就按这一标准来构建组合。

4.2.5　创建模拟基金组合

运用基金组合管理工具，能帮助投资者更快速构建模拟基金组合或跟踪真实组合，下面以晨星网提供的组合管理工具为例讲解。

理财实例

运用组合管理工具创建组合

进入晨星网首页，单击"组合管理"超链接，如图 4-16 所示。

图 4-16　单击"组合管理"超链接

进入"组合管理"页面，单击"+"按钮，在打开的"新建投资组合"对话框中输入投资组合名称和组合的投资策略，单击"创建我的组合"按钮，如图 4-17 所示。

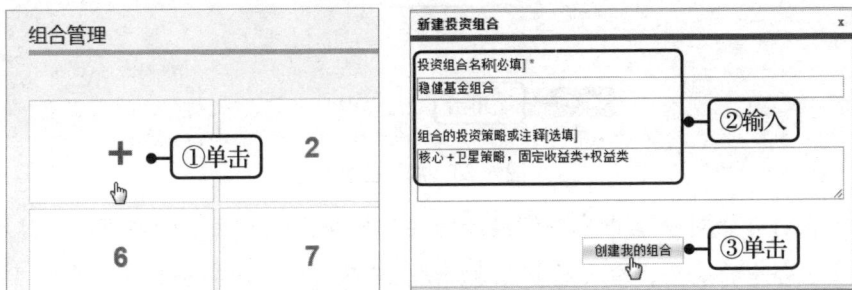

图 4-17　创建基金组合

单击基金组合名称超链接，这里单击"稳健基金组合"超链接，在打开的页面中单击"购买基金"按钮，如图 4-18 所示。

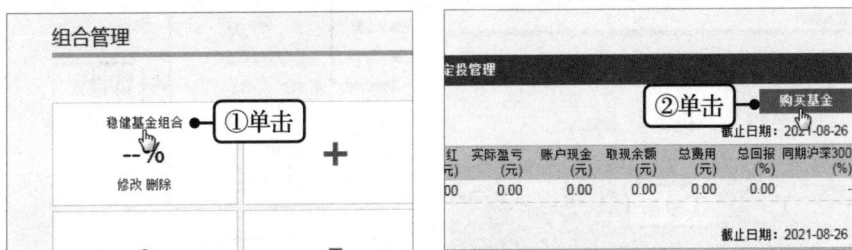

图 4-18　进行组合管理

在基金购买页面输入基金名称，设置基金确认日期、交易市场、购买金额，如图 4-19 所示。

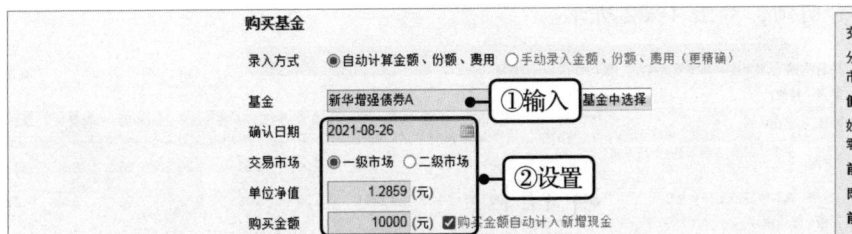

图 4-19　设置基金购买信息

设置基金分红方式、购买渠道，单击"购买"按钮，如图 4-20 所示。

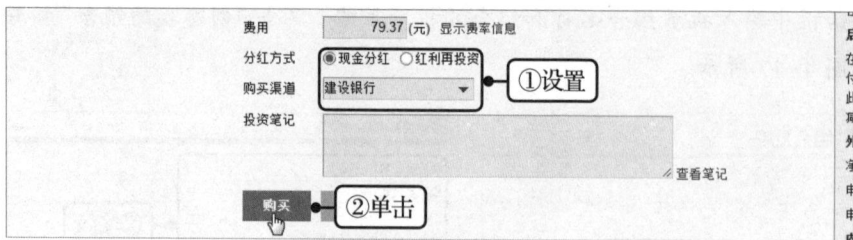

图 4-20　购买基金

在打开的对话框中单击"继续购买"按钮，进入基金购买页面，继续购买组合中的基金，输入基金名称，设置确认时间、购买金额等，单击"购买"按钮，如图 4-21 所示。

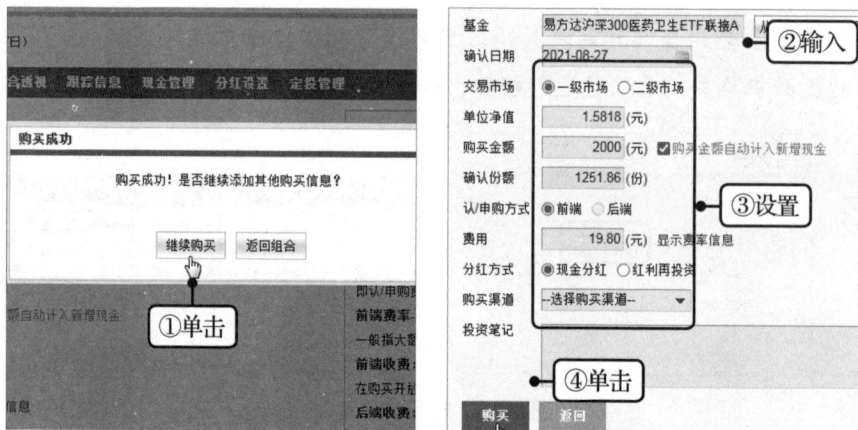

图 4-21　继续购买基金

购买成功后单击"返回组合"按钮，在打开的页面中查看基金组合的持仓明细，如图 4-22 所示。

图 4-22　查看基金组合的持仓明细

构建基金组合后，还可以定期查看组合的持仓盈亏，并对组合进行调整，如赎回、转换等操作。

4.3　基金组合的调整策略

买入基金组合后，投资者需要定期了解组合表现，考虑是否进行组合调整。很多投资者在进行组合调整时会遇到两个问题：组合多久调整一次？什么情况下需要对组合进行调整？

4.3.1　定期检查基金组合

一般来说，基金组合在构建后不需要频繁进行调整，但投资者仍要定期关注组合表现，具体按照以下步骤来考查基金组合。

◆ 制订合适的考查频率

根据个人情况制订合适的考查频率，建议投资者以季度为单位考查基金组合表现，主要看组合业绩波动、实际回报与最初设定的投资目标是否存在差距。不怎么关心组合持仓变化的投资者，至少每半年进行一次组合评估。在晨星网基金组合管理页面可查看组合的持仓盈亏，如图 4-23 所示。

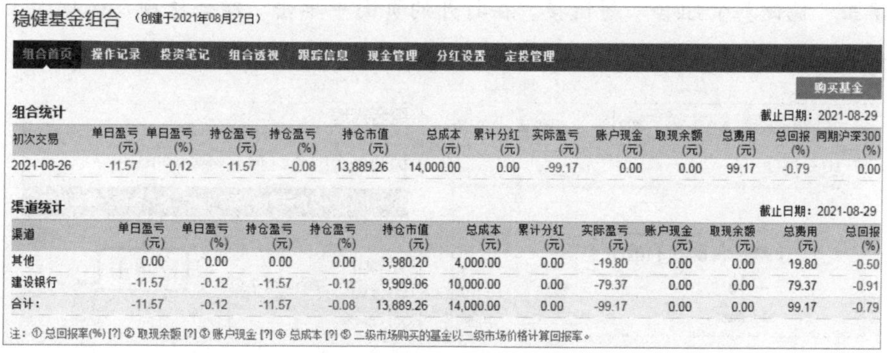

初次交易	单日盈亏(元)	单日盈亏(%)	持仓盈亏(元)	持仓盈亏(%)	持仓市值(元)	总成本(元)	累计分红(元)	实际盈亏(元)	账户现金(元)	取现余额(元)	总费用(元)	总回报(%)	同期沪深300(%)
2021-08-26	-11.57	-0.12	-11.57	-0.08	13,889.26	14,000.00	0.00	-99.17	0.00	0.00	99.17	-0.79	0.00

渠道统计　截止日期：2021-08-29

渠道	单日盈亏(元)	单日盈亏(%)	持仓盈亏(元)	持仓盈亏(%)	持仓市值(元)	总成本(元)	累计分红(元)	实际盈亏(元)	账户现金(元)	取现余额(元)	总费用(元)	总回报(%)
其他	0.00	0.00	0.00	0.00	3,980.20	4,000.00	0.00	-19.80	0.00	0.00	19.80	-0.50
建设银行	-11.57	-0.12	-11.57	-0.12	9,909.06	10,000.00	0.00	-79.37	0.00	0.00	79.37	-0.91
合计：	-11.57	-0.12	-11.57	-0.08	13,889.26	14,000.00	0.00	-99.17	0.00	0.00	99.17	-0.79

注：① 总回报率(%) [?] ② 取现余额 [?] ③ 账户现金 [?] ④ 总成本 [?] ⑤ 二级市场购买的基金以二级市场价格计算回报率。

图 4-23　基金组合统计

◆ 了解单只基金的表现

基金组合由多只基金构成，这些基金共同影响着组合的总体收益。投资者需要逐一查看单只基金的表现，看哪只基金业绩表现优秀，哪只基金业绩表现不佳，收益严重拖后腿的基金是需要重点关注的对象。

对单只基金进行考查时，除要关注基金业绩表现外，还要查看基金评级、基金经理、投资风格是否有大的变动。另外，还可以结合季报对单只基金进行更详细了解。

◆ 了解基金组合变化情况

基金组合在运作一段时间后，基金资产配置比例可能会发生重大调整。如股债平衡配置的基金，会因为基金净值变化出现比例偏离，当投资组合的配置比例与目标比例出现较大偏离时，就要考虑组合调整的问题。

进一步了解组合的资产配置、投资风格、行业分布等是否存在重大调整，投资者可以结合晨星组合透视工具进行分析，具体操作如下。

理财实例

运用基金组合透视工具

进入晨星网"组合管理"页面，单击已创建的组合名称超链接，这里单击"稳健基金组合"超链接。在打开的页面中单击"组合透视"选项卡，如图 4-24 所示。

图 4-24　查看基金组合

在打开的页面中可以查看组合的资产分布、股票投资风格分布、十大股票持仓、五大债券持仓、行业分布和债券品种，如图 4-25 所示。

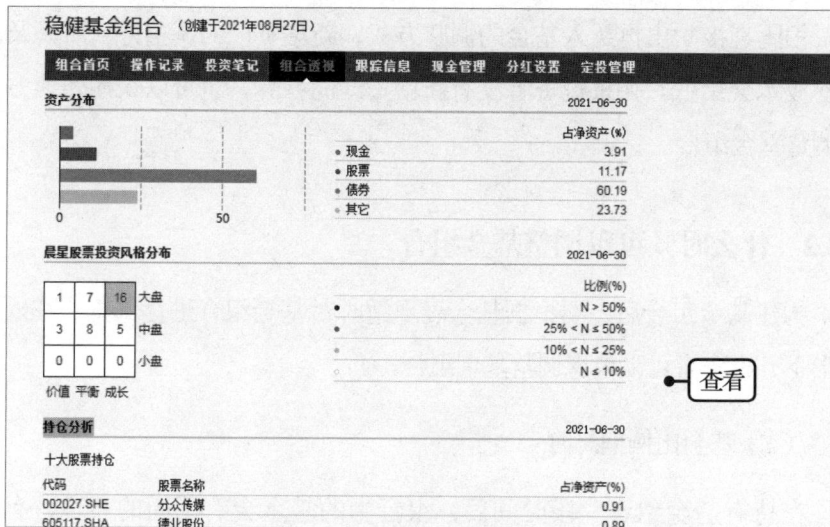

图 4-25　基金组合透视分析

当组合的大类资产配置、投资风格等出现较大变化时，投资者要结合个人资产状况、风险承受能力、投资需求等因素，来考虑是否需要调整基金组合。

◆　逐步调整基金组合

结合外因和内因确定是否调整基金组合，外因是组合的收益情况、资产配置、风格变化等因素，内因是个人的年龄变化、风险偏好、财务状况、理财目标等因素。

当组合调整幅度较大时，通常不能一步到位，这时可采用分步调整法。制订一个调整时间段，如 3 个月，逐一调整组合持仓。优先调整与自身投资目标不匹配、长期表现不佳、有重大变化的基金。对核心基金进行调整时，要谨慎操作，切忌不可盲目买入自己不熟悉的核心基金。

进行基金组合调整时，也要考虑调整的成本。投资者可以对已持有的基金进行申、赎操作，来实现调整的目的，也可以通过买入新的基金来调整资产配比，使组合重新回到均衡状态。

相比直接卖出再买入基金的调整方式，新增资产的调整方式所涉及的交易成本会更低。如果投资者没有新增资产的打算，也可以采用转换方式来调整基金组合。

4.3.2　什么时候可以调整基金组合

构建基金组合后，要根据基金表现适时对基金组合进行调整。在以下情形下，投资者可以考虑调整基金组合。

（1）基金比例偏离时

在持有基金组合一段时间后，组合中的基金会有不同的表现，有的基金会上涨，有的基金可能会下跌。基金的上涨下跌会使组合中基金的占比发生改变，比如原来占比 30% 的基金，因净值大幅上涨，变为了占比 40%；而原占比 20% 的基金，因净值大幅下跌，变为了占比 15%。这时组合资产配置的比例就会发生改变，如由 5 ∶ 3 ∶ 2 变为 4.5 ∶ 4 ∶ 1.5。

基金组合比例出现 5% 以上的偏离时，投资者就要思考当前的组合比例是否合理。若从长远角度考虑，短期的波动不会对长期的组合投资造成太大的影响，那么可以暂不调整基金组合；若担心单一基金占比太高，导致组合比例失衡，可对组合进行相应调整。另外，某一只基金占比下降过快时，也要考虑是否要对该基金进行调整。

（2）市场行情发生变化时

随着市场行情变化，投资者也要考虑对基金组合进行调整，这种调整属于战术性调整。比如当前的基金组合中配置了 10% 的医药主题基金，持有一年后该基金已经攀升到了历史高位，后期不再看好医药行业的投资机会，这时就可以考虑将该基金赎回，转投其他未来成长性较高的基金。

战术性调整要注意因短期波动而盲目调整的情况，部分投资者在构建组合后，容易因短期亏损而急于进行组合调整，然后追高买入热门基金，这可能导致后期亏损更大。战术性调整要避免跟风，如果市场情绪有涨跌交替，但整体走势的大方向没有变化，那么就可以不做战术性调整，只有在判断市场大方向发生改变时，如从上升趋势变为下降趋势，才进行战术性调整。

（3）风险承受能力发生改变时

随着年龄的增长、家庭的组建、工作的变动，投资者的风险承受能力也会发生改变。当个人风险承受能力发生改变时，基金组合也要进行调整。比如在买房后，除去日常开销后还要支付房贷，个人可支配收入减少了很多，风险承受能力相比过去也发生了很大的变化。那么就可对组合进行调整，如降低组合中权益类基金的配比。

当自身情况发生改变时，投资者可以重新进行风险测评，了解个人风险承受能力是否发生变化。一般随着年龄的增长，风险承受能力会逐渐降低，对资产波动的忍受力也会下降。

（4）投资风格发生偏离时

以基金风格来构建组合的投资者，要关注基金风格的变化，当基金风格与自身投资风格发生偏离时，也可以考虑调整基金组合。

理财实例

根据基金风格调整组合

罗张先生为激进型投资者，他构建了积极进取型基金组合。持仓的基金全是股票型基金和混合型主动基金，希望通过该组合获得潜在的超额收益。

持有一段时间后，一只混合型基金的基金经理发生了变更，基金风格由进攻型变为了防守型。这种风格与罗先生搭建组合时的初衷发生了偏离，于是罗先生对基金组合进行了调整，将这只防守型混合基金转换为进攻型混合基金。

对于主动型基金而言，基金风格的转变会给基金业绩带来较大的影响，因此，持有主动型基金的投资者要关注基金经理投资风格是否发生了变化，了解这些变化是否会影响组合投资策略，再考虑是否进行调仓。

按行业来搭建组合的投资者，也可以按这种思路来调整基金组合，如果基金行业配置发生了重大改变，也需要考虑是否进行组合调整。投资者可在天天基金网行业配置明细中查看基金每季度的行业配置明细，如图4-26所示。

财通价值动量混合 2021年2季度行业配置明细　来源：天天基金　截止至：2021-06-30

序号	行业类别	行业变动详情	占净值比例	市值（万元）	行业市盈率
1	制造业	变动详情	69.19%	133,807.14	
2	采矿业	变动详情	11.09%	21,438.88	
3	信息传输、软件和信息技术服务业	变动详情	0.01%	15.63	
4	批发和零售业	变动详情	0.00%	9.56	
5	水利、环境和公共设施管理业	变动详情	0.00%	4.44	
6	金融业	变动详情	0.00%	3.47	
7	建筑业	变动详情	0.00%	1.44	
8	农、林、牧、渔业	变动详情	0.00%	1.13	
9	房地产业	变动详情	0.00%	1.01	
10	交通运输、仓储和邮政业	变动详情	0.00%	0.90	

财通价值动量混合 2021年1季度行业配置明细　来源：天天基金　截止至：2021-03-31

序号	行业类别	占净值比例	市值（万元）
1	制造业	66.27%	130,141.32
2	采矿业	13.39%	26,300.57
3	水利、环境和公共设施管理业	0.00%	3.34
4	信息传输、软件和信息技术服务业	0.00%	3.23
5	电力、热力、燃气及水生产和供应业	0.00%	2.40
6	批发和零售业	0.00%	2.05
7	房地产业	0.00%	1.02

图 4-26　基金行业配置明细

第5章

稳健策略，定好组合方案稳收益

对稳健型投资者而言，他们更追求收益的稳定性，投资策略相对保守。如何在控制风险的情况下，尽可能争取高收益成了关键，实现资产的稳健增值是此类投资者普遍关注的重点。

5.1　追求资产稳健的基金组合

每个投资者的风险接受程度和投资目标都有所不同，选择适合自己的基金组合，会让基金投资更加从容。本章主要针对风险承受能力较低的工薪族，看看此类投资者应该如何构建稳健的基金组合。

5.1.1　稳健型基金组合适合人群

许多工薪族会有一种错误的观念，认为稳健型基金组合只适合风险测评结果为稳健型的投资者。实际上，风险测评只是帮助投资者更准确地认识个人风险偏好，它只能作为基金投资的参考。稳健型基金组合适合以下人群。

◆　刚进入基金市场的工薪族

对刚进入基金市场不久的工薪族来说，稳健型基金组合是比较好的选择。此类投资者刚接触基金不久，没有专业的基金知识，投资经验也不足，还处于摸索的阶段，风险承受能力也较低。

◆　有一定投资经验的工薪族

稳健型基金组合也适合有一定投资经验的工薪族，此类投资者参与过基金、股票、银行理财等产品的投资，有一定的投资技巧，可以根据自身投资能力对稳健型基金组合的仓位进行更合理配置，以此来提高基金组合的收益能力。

◆　对本金亏损接受程度低的工薪族

如果很难面对本金有较大亏损的投资，希望投资收益更稳妥，那么选择构建稳健型基金组合是比较合适的。此类投资者包括以下两种类型。

保守型投资者。保守型投资者的投资目标是保护本金安全，保持资产的流动性。这类投资者不希望用风险来换取收益，本金发生较大亏损时，可能会感到寝食难安。个性上，小心谨慎，不喜冒险，追求稳定。

轻度保守型投资者。轻度保守型投资者的投资目标是在保证本金安全的基础上，获得增值收入。经过仔细考虑后，愿意承受一定的风险，但风险承受能力有限。个性上，不会明显地害怕冒险，但也会回避风险。

◆　追求长期稳健投资的工薪族

稳健型基金组合可以通过组合配置降低收益波动，实现稳健增值的目标，因此，也适合追求长期稳健投资的工薪族。此类投资者具有以下特点。

①投资期限为 1 ～ 3 年及以上，希望投资收益长期、稳步增长。

②有一定的可支配收入，认同基金长期投资理念。

③有一次性买入需求，可以承受一定的波动，希望通过组合提高风险收益比。

◆　追求均衡投资的工薪族

这类投资者对收益的预期会更高一些，但又不愿承受较大的风险，总体亏损忍受程度在 5% ～ 10%。希望组合风险小于市场整体风险，不会激进地追逐高收益，但不能比普通银行理财收益低。

在构建组合时，此类投资者可以根据风险接受度和收益期望值来构建适合自己的稳健型基金组合。

◆　配置了权益型产品的工薪族

工薪族如果已经买入了一些权益型产品，也可以构建稳健型基金组合为自己分散风险，通过避险策略来稳住收益。此类投资者可以在保证低风险的同时为自己争取高收益。

5.1.2　稳健型基金组合的原则

稳健型基金组合要突出一个"稳"字，基金组合中的产品不能过于激进，要遵循以下组合原则。

（1）低波动原则

低波动原则是指基金的业绩波动不能过大，业绩波动大，说明风险也较大，收益的波动可能会让很多追求稳健收益的投资者难以接受。图 5-1 为基金业绩波动示意图。

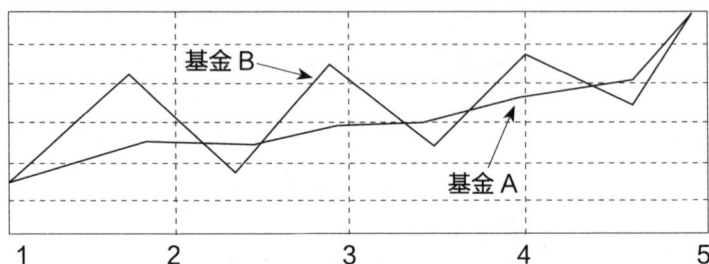

图 5-1　基金业绩波动示意图

上图所示的两只基金，虽然整体业绩表现相近，但是基金 B 的收益波动剧烈，持有期间投资者需要承受更多的心理压力。基金 A 的收益波动较小，净值走势相对平稳，持有期间投资者不会因为下跌过大而产生恐慌，更符合投资者对稳健型基金的需求。

基金波动是受多种因素的影响，投资者可用标准差（波动率）指标来了解基金回报率的波动幅度。标准差（波动率）越小，说明基金收益波动越缓和，风险水平也越低；标准差（波动率）越大，说明基金收益波动越剧烈，风险水平也越高。下面以天天基金网为例，来看看如何查看基金收益的波动程度。

理财实例

查看基金收益的波动程度

进入天天基金网首页，在搜索文本框中输入基金简称或代码，在搜索结果中单击基金名称超链接，在打开的页面中单击"基金概况"超链接，如图 5-2 所示。

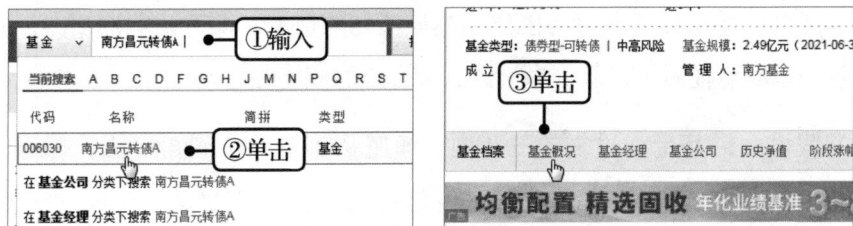

图 5-2 查看基金概况

进入基金档案页，单击"特色数据"选项卡，在打开的页面中即可查看基金的标准差和夏普比率数据，如图 5-3 所示。

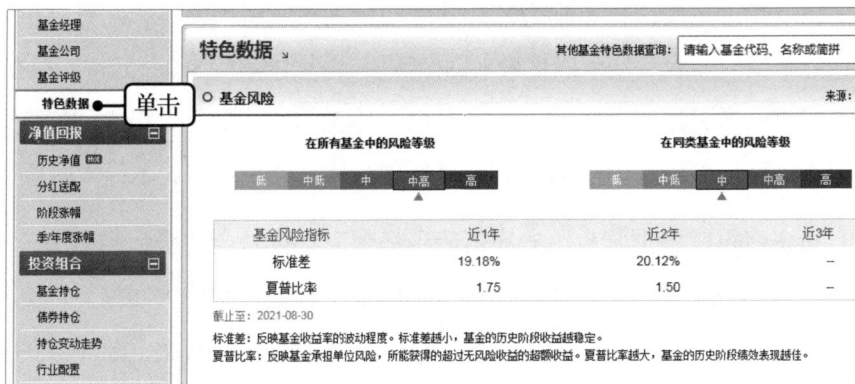

图 5-3 查看基金特色数据

理财贴士 *基金的夏普比率*

在查看基金的收益波动指标时，常常还能看到夏普比率这一指标。夏普比率是评判基金收益和风险的指标，用于衡量基金每承受一单位风险，可获得的超额收益。夏普比率为正时，数值越高越好，说明基金性价比越高。比较基金的波动率和夏普比率时，要与同类基金比较才有意义。

（2）低回撤原则

在构建稳健型基金组合时，还要关注基金的最大回撤，通过控制基金组合的回撤，能够帮助投资者获得更平稳的收益增长。最大回撤也是一个风险指标，用于描述基金可能出现的最糟糕的情况，即选定的周期内，从任意一个高点往后推，基金净值跌到最低点的波动幅度。

假设一只基金在过去的一年内，净值从 2.00 元涨到 3.00 元，然后又从 3.00 元下跌到了 1.50 元，那么该基金的回撤率数值为（3.00−1.50）/ 3.00×100%=50%

基金回撤过大，也容易让追求稳健投资的投资者感到寝食难安。在构建稳健型基金组合时，可将最大回撤作为一个过滤条件。稳健型基金组合以"稳"作为主要目标，那么核心基金的最大回撤就不能过大，可以根据个人能承受的最大亏损来确定最大回撤数值，假设能承受5%～10%的亏损，那么最大回撤可定为10%以下。在其他条件相同的情形下，最大回撤绝对值越小越好，表明基金抗风险能力越强（部分软件会用负数表示最大回撤）。

投资者可以根据基金历史净值的走势图来计算基金的最大回撤率，也可以通过第三方理财平台提供的基金指标来了解基金的最大回撤。以支付宝为例，在"基金分析指标"页面即可查看基金的最大回撤，图 5-4 为两只债券型混债基金的最大回撤数据。

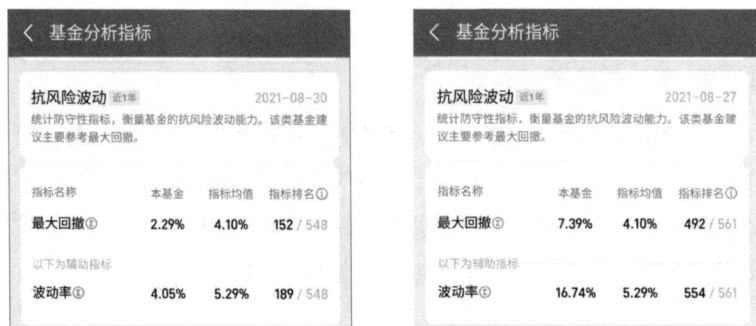

图 5-4　基金最大回撤数据

（3）中位收益原则

收益和风险是相对的，构建稳健型基金组合要合理控制风险，同时也要让组合有一定的收益能力，在可承受风险范围内，尽量提高收益是组合配置的关键。稳健型基金组合不应以追求高收益为投资目标，可将收益目标定为中位、中低位或低位，具体根据可支配资产、风险偏好来确定。精选整体表现优异的基金作为核心基金，再配合其他策略来增强收益。

筛选稳健型基金组合中的基金时，可参考基金的波动率、最大回撤、年收益率来帮助自己筛选基金，同时结合基金类型、投资风格、基金经理来选取更适合自己的产品。总的来看，稳健型基金组合要选收益较稳、回撤控得好、年化收益率超越定期存款、活期理财产品的基金作为核心基金。

5.2　稳定财富的中低风险基金

稳健型基金组合多以中低风险基金为核心基金，主要包含货币型基金和债券型基金两大类型。这两大类型基金风险相对较低，适合大部分追求稳健投资的工薪族。

5.2.1　随取随用货币型基金

货币型基金以货币市场工具为主要投资方向，很多工薪族的基金组合中都有货币型基金，货币型基金的优点如图 5-5 所示。

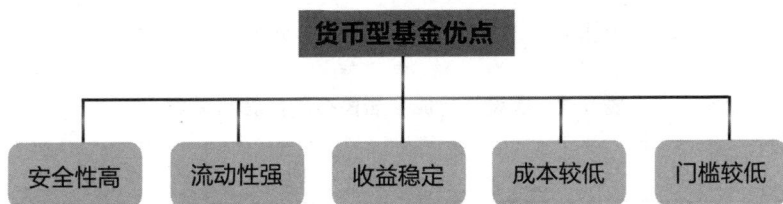

图 5-5　货币型基金的优点

安全性高。货币型基金的主要投资范围有银行存款、国债、中央银行票据、政策性金融债券等，这些产品本身就具有很高的安全性。

流动性强。货币型基金申赎灵活，投资者在急用钱时可以及时赎回，并且资金到账快，部分第三方理财平台还支持一秒到账。

收益稳定。货币型基金的收益稳定，极少会出现收益起伏较大的情况，图 5-6 为国投瑞银货币 A（121011）基金风险指标，可以看出，基金的收益波动很小。

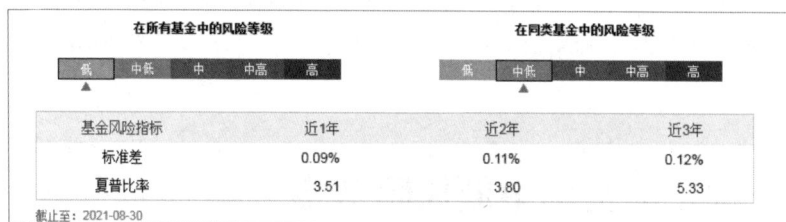

图 5-6　国投瑞银货币 A 基金风险指标

成本较低。货币型基金申赎都是零费率，只会收取管理费、托管费、销售服务费和其他费用。

门槛较低。货币型基金的申购门槛很低，大多数都支持 0.01 元、1.00元起投，完全能满足投资者小额投入的需求。

从货币型基金的收益来看，大多数高于同期定存一年存款收益。所以，很多投资者都将货币型基金作为银行存款的替代品。以建设银行为例，2015 年 10 月 24 调整的城乡居民存款挂牌利率如表 5-1 所示。

表 5-1　建设银行城乡居民存款挂牌利率表

项　目	时　间	年利率（%）
整存整取	三个月	1.35
	半年	1.55

续表

项　　目	时　　间	年利率（%）
整存整取	一年	1.75
	二年	2.25
	三年	2.75
	五年	2.75
零存整取、整存零取、存本取息	一年	1.35
	三年	1.55
	五年	1.55

再来看看货币型基金的收益，图 5-7 为截至 2021 年 8 月 31 日，部分货币型基金的收益率排行情况。可以看出，货币型基金的年化收益率普遍高于银行一年整存整取年利率。

基金代码	基金名称	单位净值	万份收益	日期	7日年化	14日年化	28日年化	35日年化	近1月	近3月	近6月	近1年	手续费
004973	长城收益宝货币B	--	0.8565	08-30	2.7310%	2.79%	2.74%	2.77%	0.23%	0.71%	1.42%	2.96%	0.00%
004186	江信增利货币B	--	0.8077	08-30	2.9610%	2.72%	2.67%	2.71%	0.23%	0.62%	1.31%	2.83%	0.00%
002890	交银天利宝货币E	--	0.6970	08-30	2.8210%	2.70%	2.64%	2.63%	0.22%	0.67%	1.36%	2.76%	0.00%
004137	博时合惠货币B	--	0.6924	08-30	2.5830%	2.59%	2.58%	2.59%	0.22%	0.66%	1.34%	2.73%	0.00%
004972	长城收益宝货币A	--	0.7912	08-30	2.4870%	2.54%	2.50%	2.52%	0.21%	0.65%	1.30%	2.72%	0.00%
001821	兴全天添益货币	--	0.7110	08-30	2.4290%	2.45%	2.43%	2.43%	0.20%	0.62%	1.29%	2.70%	0.00%
004417	兴全货币B	--	0.7994	08-30	2.6010%	2.54%	2.46%	2.47%	0.21%	0.63%	1.29%	2.69%	0.00%

图 5-7　部分货币型基金收益率数据

5.2.2　如何挑选货币型基金

在购买货币型基金前，投资者首先要认识到，货币型基金风险较低，但并不代表没有风险。投资货币型基金仍会面临市场风险、信用风险、管理风险等风险。选择货币型基金，重点要考察以下几方面。

◆ 基金规模

与其他类型的基金不同，货币型基金具有很强的流动性，因此，在选择货币型基金时应优先考虑规模较大的基金。这样即使有大量频繁的申赎交易，也不会对基金业绩产生太大的影响。另外，小规模的货币型基金也没有太多筹码与银行进行谈判，规模较大的货币型基金具有更强的议价能力。

◆ 基金费率

货币型基金不收取申赎费，但有管理费、托管费、销售服务费和其他费用。虽然货币型基金的运作费一般比较低，但在购买时仍要比较费率，费率越低越好。表5-2为长信长金通货币A（005134）基金与平安财富宝货币A（000759）基金运作费率比较。

表5-2　长信长金通货币A基金与平安财富宝货币A基金的运作费率比较

费用类别	长信长金通货币A（年费率）	平安财富宝货币A（年费率）
管理费率	0.15%	0.2%
托管费率	0.05%	0.07%
销售服务费率	0.15%	0.05%

从上表可以看出两只基金运作费率的差别，在不考虑其他因素的情况下，平安财富宝货币A收取的运作费更低，会更划算。

◆ 运作时间

相比新发行的货币型基金，老基金的运作更为成熟，对市场的应变能力也会更强。对投资者来说，选择成立年限较长的货币型基金会较好，如3年以上。

◆ 收益率

货币型基金的收益率不会很高，但不同货币型基金的收益仍会有一定的差异。货币型基金有两个重要的收益数据需要投资者关注，分别为七日年化收益率和万份收益。

七日年化收益率。最近七日基金的平均收益水平，进行年化以后得到的数据。七日年化收益率是一个短期指标，由于货币型基金的收益波动幅度相对较小，所以这一数据还是很有参考意义的。

万份收益。当日每一万份基金能产生的收益，反映了基金投资每天能够得到的真实收益。

七日年化收益率和万份收益是"搭档"，每天都会公布，将两者结合起来，可以更加全面地看出货币型基金的短期业绩表现。图 5-8 为两只货币型基金的七日年化收益率和万份收益数据。

图 5-8　货币型基金七日年化收益率和万份收益

同等情况下，优先选择七日年化收益率和万份收益高的货币型基金。单看短期收益不够全面，在月末、年末时，货币型基金的短期收益率一般会较高，长期收益的稳定性才是投资者需要重点关注的。

因此，投资者要考察货币型基金最近 1 年、3 年，甚至 5 年的收益表现，看货币型基金长期的收益表现，长期收益稳定的货币型基金才是最佳选择。图 5-9 为某货币型基金七日年化收益走势图。

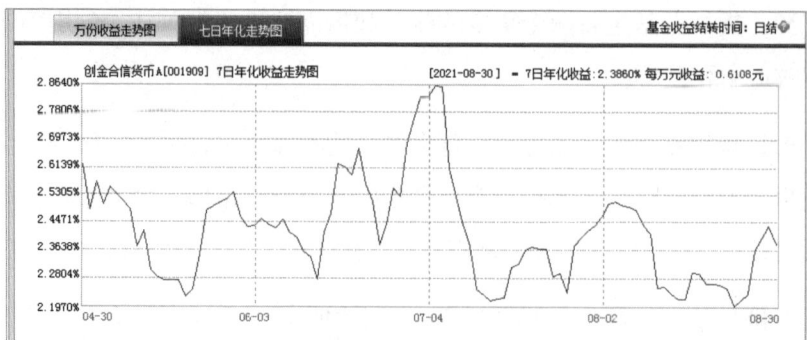

图 5-9　某货币型基金七日年化收益率走势图

结合以上要素，投资者可以设置适合自己的货币型基金筛选标准，根据标准逐一剔除不满足条件的基金，最终得到满足条件的基金，如以下筛选标准。

①基金规模 100.00 亿元以上。

② 100.00 元起投，处于可申购状态。

③成立 3 年以上，管理费不超过 0.2%。

③七日年化收益排名前 30，近一年收益排名前 50。

5.2.3　"固定收益类"债券型基金

债券型基金以国债、金融债等固定收益类金融工具为主要投资对象。这类金融工具收益较为稳定，因此债券型基金也被称为"固定收益基金"。在稳健型基金组合中，此类"固定收益基金"要占较大的比例，它们能为投资者提供较为稳定的收益。债券型基金投资的债券标的有以下几类。

利率债。有国债、地方政府债、政策性银行债、央票等，这类债券的信用风险低、流动性好。

信用债。有企业债、公司债、短期融资券等，这类债券的信用风险较高，流动性较好，收益率会比利率债高。

　　可转债。可转债也是一种债券，其特殊之处在于可将债券转换成公司的普通股票。主要投资可转债的基金有着不输股票的波动和收益。图 5-10 为汇添富可转换债券 A（470058）基金与沪深 300 累计收益率走势比较。

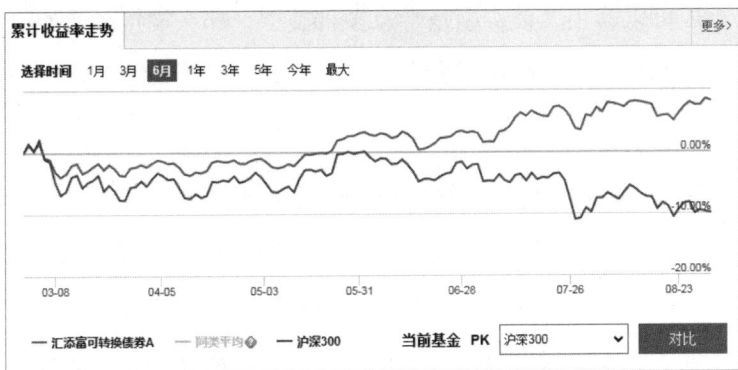

图 5-10　汇添富可转换债券 A 基金与沪深 300 累计收益率走势比较

　　债券型基金可分为指数债券基金和主动债券基金两大类型。主动债券基金又可细分为纯债基金、混合债券基金和可转换基金。具体如表 5-3 所示。

表 5-3　债券基金分类

类　　型	内　　容
指数债券基金	跟踪相应债券指数的基金，如中债 1～3 年国开行债券指数、中债 1～3 年农发债券指数、中债 7～10 年国开行债券指数
纯债基金	基金资产只投资于债券，不投资股票，根据投资时间的长短，可分为短期纯债基金和中长期纯债基金
混合债券基金 一级债基	简称"一级债基"，至少 80% 的基金资产投资于债券，其余部分投资于一级市场和可转债。一级债基不从二级市场购买股票，可参与打新股，或者通过可转债转股持有股票
混合债券基金 二级债基	简称"二级债基"，投资债券资产的比例不低于基金资产的 80%，其余部分可参与二级市场股票买卖，亦可投资一级市场和可转债

续表

类　型	内　容
可转债基金	基金资产主要投向可转换债券，因此又被称为可转换基金，可转债与股市有很强的相关性，因此可转换基金的风险也比较高

从上表可以看出，债券型基金有多种类型，那么投资者要如何识别债券型基金的类型呢？可根据债券型基金的名称、招募说明书、产品资料概要来识别。

指数基金、纯债基金、可转换基金一般都带有 ×× 指数、纯债、可转换字样，如易方达中债 7 ～ 10 年国开债 A（003358）、汇添富可转换债券 A（470058）、广发纯债债券 A（270048），从名称就可以识别债券基金的类型。

单从基金的名称不容易识别一级债基和二级债基，此时要查看债券基金的招募说明书。如光大信用添益债券 C（360014），招募说明书中的内容如图 5-11 所示。

> 本基金为债券型基金，可投资的固定收益类品种主要包括公司债券、企业债券、可转换债券、短期融资券、金融债、资产支持证券、国债、央行票据等。本基金投资于固定收益类资产的比例不低于基金资产的 80%，其中对金融债、企业债、公司债、短期融资券、可转债、分离交易可转债、资产支持证券等非国家信用债券的投资比例不低于固定收益类资产的 80%。本基金投资于股票、权证等非固定收益类证券的比例为基金资产的 0%~20%。现金或到期日在一年以内的政府债券的投资比例不低于基金资产净值的 5%。前述现金资产不包括结算备付金、存出保证金、应收申购款等。
>
> 本基金可以直接从二级市场购入股票或权证、参与一级市场股票首次发行或增发新股，并可持有因可转债转股所形成的股票、因所持股票派发以及因投资可分离债券而产生的权证等。

图 5-11　光大信用添益债券 C 招募说明书

从招募说明书可以看出，该基金为二级债基，可从二级市场购买股票。若是一级债基，会有如下内容。

本基金不直接从二级市场头入股票、权证等权益类资产，但可以参与一级市场新股与增发新股的申购，并可持有因可转债转股所形成的股票、

因所持股票所派发的权证以及因投资可分离债券而产生的权证等，以及法律法规或中国证监会允许投资的其他非债券类品种。

5.2.4　债券型基金的特点

在稳健型基金组合中配置债券基金，可以降低组合的风险，让收益更稳定，债券型基金的特点如图 5-12 所示。

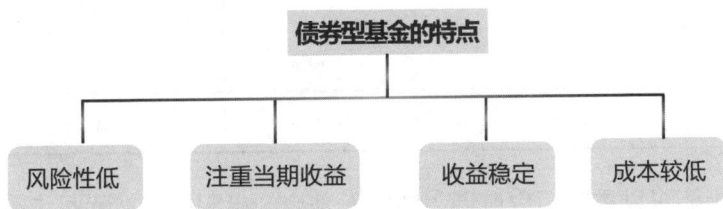

图 5-12　债券型基金的特点

风险性低。债券型基金的主要投资对象是债券，债券与股票相比，风险要小很多，所以，相比其他偏股基金，这类基金的风险性更低。

注重当期收益。债券型基金追求的是当期较为固定的收入，这对谋求稳健收益的投资者而言，是不错的选择。

收益稳定。债券的收益相对固定，本身的收益波动较小，因此，债券型基金也不会有很大的收益波动。

成本较低。从买卖基金所涉及的费用来看，申赎债券型基金所需支付的各项费用要低很多，这能减少投资成本。表5-4为中航瑞明纯债A（007555）与创金合信新能源汽车股票 A（005927）的费率比较。

表 5-4　中航瑞明纯债 A 与创金合信新能源汽车股票 A 的费率比较

费用类型	金额（M）/ 持有期限（N）	中航瑞明纯债 A	创金合信新能源汽车股票 A
申购费率	$M < 1\,000\,000$ 元	0.60%	1.50%
赎回费率	$N < 7$ 日	1.50%	1.50%

续表

费用类型	金额（*M*）/ 持有期限（*N*）	中航瑞明纯债 A	创金合信新能源汽车股票 A
赎回费率	7 日≤ *N* ＜ 30 日	0.10%	0.75%
	N ≥ 30 日	0%	—
	30 天≤ *N*＜180 天	—	0.50%
	N ≥ 180 天	—	0.00%
管理费率	—	0.30%	1.50%
托管费率	—	0.10%	0.25%

从上表可以看出，中航瑞明纯债 A 基金的申购费率、赎回费率、管理费率和托管费率均低于创金合信新能源汽车股票 A 基金。

5.2.5　如何选择债券型基金

债券型基金的优点鲜明，它能降低股票市场单边下跌时对投资组合的冲击。从债券型基金的收益来看，其充分体现了"稳健向上"的特点，这也使得债券型基金成为稳健组合池的主流基金。图 5-13 为广发纯债债券 A（270048）基金的业绩表现，可以看到该基金的整体收益曲线较为平缓，呈现出缓慢向上的走势，收益波动较小。

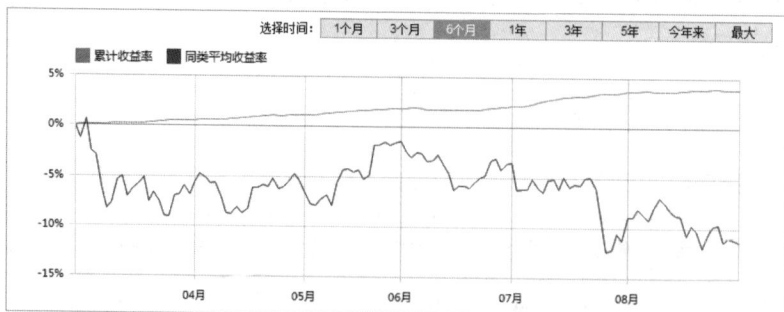

图 5-13　广发纯债债券 A 基金累计收益率走势

短期来看，债券型基金的收益不会很理想，要长期持有才能获得满意的投资回报。所以，长期业绩的稳定性是很重要的考量要素。可根据债券型基金的收益涨幅和最大回撤来看债券型基金历史业绩表现是否足够稳健。

理财实例

比较两只纯债基金的历史业绩

表 5-5 为博时富诚纯债债券（003866）基金和嘉实稳华纯债债券 A（004544）基金阶段涨幅对比。

表 5-5 博时富诚纯债债券和嘉实稳华纯债债券 A 阶段涨幅比较

项　　目	今年来	近1周	近1月	近3月	近6月	近1年	近2年	近3年
博时富诚纯债债券涨幅	3.23%	0.00%	0.26%	1.40%	3.08%	−3.46%	−0.87%	4.00%
嘉实稳华纯债债券 A 涨幅	1.81%	0.04%	0.22%	0.65%	1.38%	2.90%	7.39%	12.85%
同类平均	3.21%	0.05%	0.41%	1.50%	2.96%	4.42%	7.94%	13.87%
注：数据截至 2021 年 8 月 31 日								

如果只看今年来的涨幅，博时富诚纯债债券基金的业绩表现更好。但从长期表现来看，嘉实稳华纯债债券 A 基金更为稳健，都为正收益。图 5-14 为博时富诚纯债债券基金累计收益率走势。

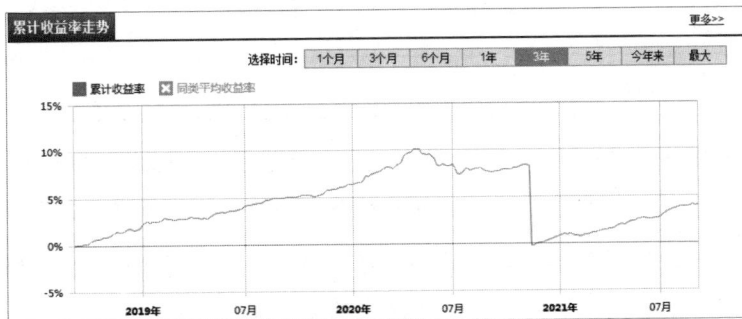

图 5-14　博时富诚纯债债券基金累计收益率走势

从上图可以看出，博时富诚纯债债券基金在2020年4月—11月期间出现了较大幅度的波动。再来看看嘉实稳华纯债债券A基金的累计收益率走势，如图5-15所示。

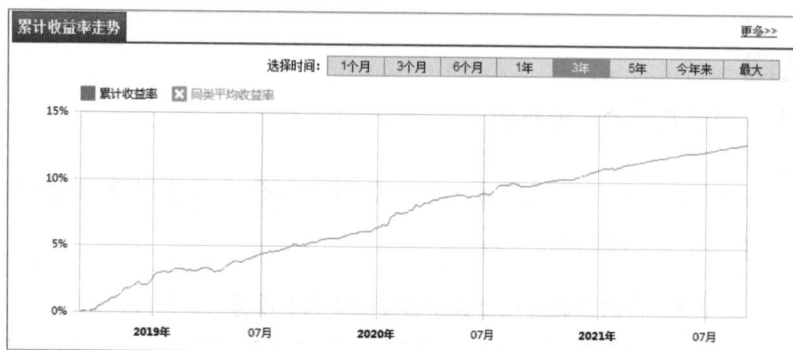

图5-15　嘉实稳华纯债债券A累计收益率走势

从上图可以看出，嘉实稳华纯债债券A基金3年的累计收益率走势缓缓向上，收益波动幅度很小。如果投资者在2019—2021年期间持有该只基金，持有体验会更好，不会因为收益大幅波动而担忧。再来看看两只基金的标准差数据，如表5-6所示。

表5-6　博时富诚纯债债券和嘉实稳华纯债债券A风险指标

项　　目	近1年	近2年	近3年
博时富诚纯债债券标准差	7.79%	5.60%	4.59%
嘉实稳华纯债债券A标准差	0.23%	0.61%	0.63%
注：数据截至2021年8月31日			

博时富诚纯债债券基金近1年、近2年、近3年的标准差分别为7.79%、5.60%和4.59%。相比之下，嘉实稳华纯债债券A基金收益率的波动程度更小。

通过上述数据可以看出，嘉实稳华纯债债券A基金的历史阶段收益更稳健，以"小步慢跑"的姿势帮助投资者实现保值增值。

　　了解了债券型基金的历史业绩表现后，还要看基金经理的自身实力。风险管理能力强、投资经验丰富的基金经理，更能为投资者获取合理的回报。查看债券型基金的基金经理时，要看该基金经理是否有债券投研经验以及投资策略是怎样的。图 5-16 为一只债券型基金的基金经理和投资策略介绍，该基金的基金经理有丰富的债券投资管理经验。

图 5-16　基金经理和投资策略

　　债券型基金的管理规模也是选择这类基金时需要考虑的因素。与股票型基金不同，规模不会太限制基金经理的操作，债券型基金要选规模较大的，规模太小会有清盘风险。

　　债券型基金的类型也是投资者在构建稳健组合时需要考虑的。从债券型基金的风险来看，纯债基金的风险最低，然后是混合债券基金、可转债基金。

　　①低风险承受能力的工薪族优先考虑短期 / 超短期纯债基金。

　　②中低风险承受能力的工薪族可考虑纯债基金、中长期纯债基金。

　　③中低风险以上承受能力的工薪族可考虑混合债券基金、可转债基金。

　　不同类型的债券型基金，在收费方式上也会有差别，A 类债券型基金不收取销售服务费；C 类债券型基金不收取申购费，要收取销售服务费。对以上两种收费方式，在选择时也要有所考虑。

①有长期投资需求的工薪族，建议选 A 类债券型基金，相对而言更划算。

②短期投资、不确定是否要长期持有的工薪族，建议选 C 类债券型基金，短期持有更划算。

结合以上因素，在选择债券型基金时，投资者可以建立适合自己的筛选标准，如以下几点。

① A 类混合债券基金，成立时间 3 年以上，便于进行组合搭配。

②近 3 年收益率排名前 30，最大回撤排名前 20。

③业绩表现稳定（根据历史业绩以及其他指标主观判断）。

④基金规模 1.00 亿元以上，基金经理从业 5 年以上。

> **理财贴士** *选择更稳健的债券型基金*
>
> 仅按短期业绩来选择排名靠前的债券型基金，容易陷入"业绩陷阱"中。筛选债券型基金时，要将同类型基金进行比较，借助基金规模、最大回撤、基金评级等数据来判断基金的风险，选择同期波动率较小、规模较大、评级更优的债券型基金。这类债券型基金会更稳健。

5.3　稳健型工薪族基金组合策略

通过前面的内容，工薪族投资者已经对两类重要的低风险基金有了比较清晰的认识，接下来就可以开始构建稳健的基金组合了。稳健基金组合也有很多不同的组合方式，合理的稳健基金组合应是能与自身投资目标、风险偏好相匹配的。

5.3.1　低风险基金组合形式

对于风险承受能力较低的工薪族而言，基金组合可以更保守一些，侧重选择能获取"绝对收益"的基金，减少组合的收益波动。适合保守投资的基金组合如图 5-17 所示。

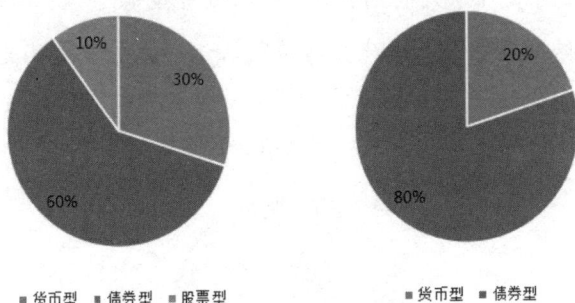

图 5-17　低风险基金组合示意图

以上是两种常见的低风险基金组合方式，组合中股票型基金不能占太大比例，货币型基金和债券型基金要占 80% 或 90% 的比例，用大量收益稳定的基金产品来抵御股票型基金带来的风险。

货币型基金灵活性高，如果基金资产中有一笔钱是需要随时支用的，那么就将这笔钱投向货币型基金，保证资金的流动性。将中长期不需使用的资金投向债券型基金，避免短期赎回增加投资成本。

少量的基金资产用于购买股票型基金或混合型基金，没有投资经验，不能容忍资产亏损的工薪族不购买股票型基金，将资产分布于货币型基金和债券型基金中，让基金为自己赚取绝对收益。

为了增加投资收益，可以将资产分散投资于不同收益水平的债券型基金中，下面来看一个案例。

理财实例

赚取绝对收益的基金组合

李先生是一位初入职场的工薪族，每月的薪水并不是很多。平时，他会利用周末做点兼职来增加个人收入。考虑到自己没有时间看盘，也没有多少投资经验，李先生决定将闲置资金进行基金投资。

对于自身的财务状况，李先生有清晰认识，他手中的可支配资产并不是很多，且不希望这笔资金有投资亏损。结合自身的风险承受能力，李先生决定构建低风险基金组合，李先生的基金组合方案如图 5-18 所示。

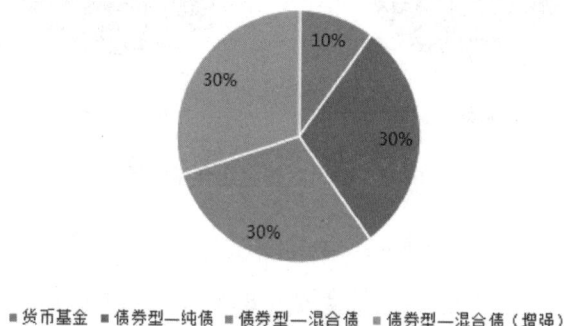

■货币基金　■债券型—纯债　■债券型—混合债　■债券型—混合债（增强）

图 5-18　李先生的基金组合方案

① 10% 的基金资产购买货币基金，使这笔资金兼顾安全性和流动性。

② 30% 的基金资产购买债券型—纯债基金。这只基金的收益稳定，近 1 年、近 2 年、近 3 年的波动率分别为 0.67%、0.84%、0.80%，历史业绩没有产生过亏损，近 3 年和近 5 年的基金评级都为五星。这笔投资旨在赚取绝对收益。

③ 30% 的基金资产购买债券型—混合债基金。这只基金的风险与收益高于货币基金，低于混合基金和股票型基金，近 3 年、近 5 年的基金评级为四星，最大回撤约为 5%，历史业绩表现高于同类平均，基金规模 13.95 亿元，规模适中，比较适合中小投资者。这笔投资旨在获得长期稳定的投资回报。

④ 30% 的基金资产购买债券型—混合债基金。这是一只增强回报债券型基金，相比普通的混合债基金，权益投资的持仓相对会更高，在

10%～20%，基金经理会积极运用管理策略增强基金收益。从历史业绩来看，基金走势向右上缓慢增长，极少有大幅度回撤，在整体走低的市场行情下，也有很好的收益表现，近 1 年涨幅为 7.6%，同类平均为 5.83%。另外，李先生对这只基金的基金经理也很认可，该基金经理曾多次获得金牛奖。这笔投资旨在获取较高的当期收益和总回报。

总体来看，李先生构建的基金组合属于"求稳"组合，波动小、回撤小。货币基金和纯债基金主要作为现金管理工具，确保在急用钱时能及时赎回取现。在保证资产长期稳定增长的条件下，也没有放弃增强收益的机会。整个组合具有"绝对收益"的特征，同时，也可以为自己争取较高的投资收益。

在构建低风险基金组合时，投资者要学会灵活操作，如果自身可支配资金比较多，能够适当容忍亏损，就可在组合中增加权益基金的配置权重，如一定比例的混合型基金或股票型基金，或者在债券型基金中配置一部分可转债基金，图 5-19 为组合示意图。

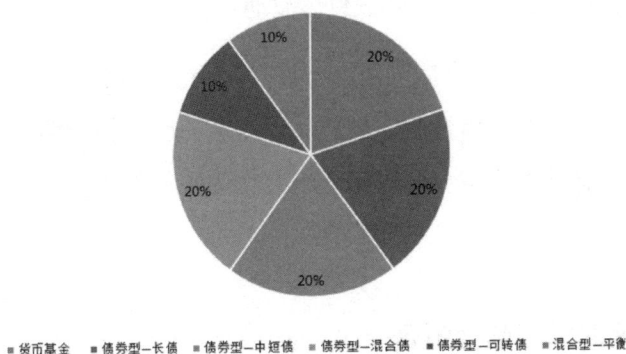

货币基金　债券型-长债　债券型-中短债　债券型-混合债　债券型-可转债　混合型-平衡

图 5-19　基金组合示意图

上图的组合用 20% 的基金资产购买货币基金，保证日常支出。债券基金分别买入了债券型—长债、债券型—中短债、债券型—混合债和债券型—可转债。纯债基金收益波动小，"稳"是最显著的特点，再选择一只混合债券基金和可转债基金，提高组合收益水平。混合基金为股债平衡型，比股票型基金稳健，但比债券型基金有更高的收益弹性，进一步强化组合的收益。

如果工资收入有限，用于投资的资金主要为备用金，短期内可能会使用，那么就要进一步降低组合的潜在风险。组合配置时应更为保守，让组合有可预见的稳定投资回报，图5-20为组合示意图。

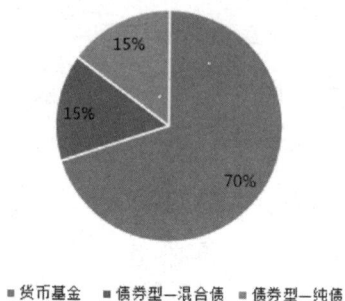

■货币基金　■债券型—混合债　■债券型—纯债

图5-20　基金组合示意图

上图所示的组合按照7∶3的比例配置货币基金和债券基金，因为是较低风险的组合，因此，组合的配置不用很复杂，精选一只货币基金，再配置两只债券基金到组合中，降低总体波动。

总之，低风险基金组合应以保本增收、争取绝对盈利为主要投资目标，投资期限越短，搭建的组合就要越趋于保守。一般可将短期、中长期会使用的资产用于构建此类组合，将基金组合作为银行理财的替代品，以便随时取用撤离。

5.3.2　稳健偏保守基金组合

稳健偏保守的基金组合适合风险承受能力偏低的工薪族。组合以稳健为第一要素，大部分为防守配置，少部分为攻守兼备的配置，通过适当增加权益类资产来提高投资收益。

组合的投资策略为抵抗风险同时稳健获利。整体来看，该组合类似于一个债券型基金，图5-21为保守偏稳健基金组合示意图。

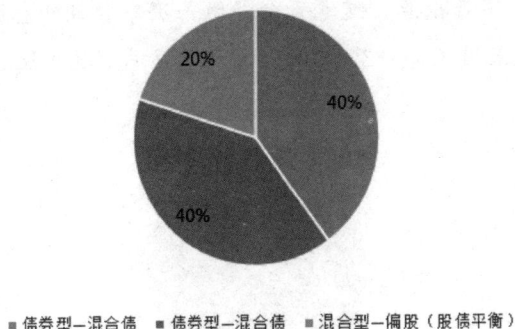

图 5-21 稳健偏保守基金组合示意图

上述组合属于常见的 8 ∶ 2 比例配置，其中债券型基金占 80%，混合型基金占 20%。混合型基金选择股债平衡布局的基金，风险相对更低。该组合比较适合追求长期稳健投资回报的投资者。

稳健偏保守基金组合的最大特点是放弃了股票型基金，虽然放弃了股票型基金，不代表不享受股票市场可能的收益。组合整体侧重固定收益，增强收益的部分用混合型基金来代替，根据自身风险抵御能力来选择偏债型混合基金、偏股型混合基金或者股债平衡的混合基金。下面来看一个案例。

理财实例

侧重固定收益投资的基金组合

李女士 26 岁，每月工资 8 000.00 元，现与父母住在一起。李女士感觉和父母住在一起不太自由，想要存钱买一套小户型住房。

目前，李女士有活期存款 5.00 万元，资产配置比较保守，一直未做其他投资。和父母商量存钱买房的事宜后，父母答应借 10.00 万元给李女士凑首付，剩余部分需要她自己积攒。

李女士计划 3 ～ 5 年内买一套小户型住房。为了实现资产的保值增值，为自己积攒更多买房资金，她决定将现有的 3.00 万元做一次性基金投资，同时将每月结余的资金用于基金定投。

买房的事并不是很急，这笔资金能做一次中长期的基金投资，在构建基金组合时，她采用了 4 ∶ 3 ∶ 2 ∶ 1 的组合方式，具体组合方案如图 5-22 所示。

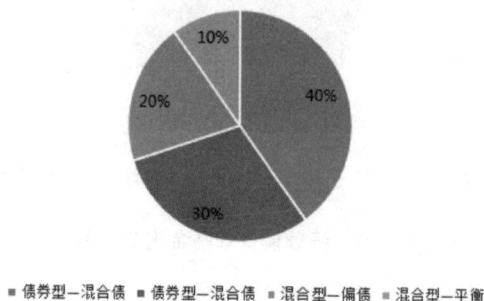

■ 债券型—混合债　■ 债券型—混合债　■ 混合型—偏债　■ 混合型—平衡

图 5-22　基金组合示意图

李女士为自己构建了一个可中长线投资的基金组合，用债券型基金稳收益，偏债的混合型基金保长久收益，混合型股债平衡基金增强收益。基金组合具有以下特点。

用 40% 的基金资产投资混合债券型二级基金，这只基金的投资目标是追求基金资产的长期稳定增值，通过适量投资权益类资产力争获取增强型回报。该基金 2010 年成立，属于老基金，规模 100.00 亿元以上，规模中等。基金经理没有过变更，投资风格稳定，债券持仓主要有利率债、信用债和少量可转债，其中利率债所占比例最大，这使得该基金的整体收益稳定。从该基金的历史业绩表现来看，呈现出持续上涨的走势，季度涨幅基本上都为正收益，展现出了优秀的持续盈利能力，很适合保守偏稳健型的投资者，图 5-23 为基金季度涨幅明细。

时间	1季度涨幅	2季度涨幅	3季度涨幅	4季度涨幅
2021年	0.30%	1.25%	---	---
2020年	0.96%	3.03%	-0.18%	3.07%
2019年	4.24%	1.67%	1.57%	1.16%
2018年	3.01%	1.66%	2.03%	2.63%
2017年	0.47%	-0.06%	1.17%	-1.85%

图 5-23　季度涨幅明细

30% 的资产投资混合债券基金，这只基金的风格属于保守偏稳健型，长期历史业绩能跑赢业绩比较基准，且甩开了比较基准一大截。该基金有长期稳定的分红，是比较优秀的分红债基。该基金的债券持仓主要有政策性金融债、短期融资券和可转债等，权益投资会高于 20%，且多年保持这一比例，这使得该基金能为投资者创造一定的超额收益，很适合中长期投资，图 5-24 为基金资产配置明细。

报告期	股票占净比	债券占净比⑦	现金占净比	净资产（亿元）
2021-06-30	24.61%	66.46%	0.48%	199.17
2021-03-31	26.22%	57.87%	1.51%	190.57
2020-12-31	27.32%	57.25%	1.19%	147.90
2020-09-30	24.78%	60.57%	1.15%	115.26
2020-06-30	30.41%	67.79%	0.63%	79.60
2020-03-31	28.32%	68.54%	0.92%	77.29
2019-12-31	22.62%	77.48%	1.00%	54.35
2019-09-30	25.48%	78.54%	0.72%	19.91
2019-06-30	27.31%	86.00%	0.40%	16.69
2019-03-31	31.23%	79.68%	0.60%	17.18

图 5-24　基金资产配置明细

20% 基金资产投资混合型偏债基金，该基金主投固定收益类资产，辅以少量偏股资产来提升收益。该基金有一年的持有期，可以避免频繁申赎影响基金经理的操作，长期持有能获得较高的超额收益，比较适合、有中长期投资需求、追求稳健增值收益的投资者。

10% 的基金资产投资混合型股债平衡基金，兼顾股票和债券两种大类资产，具有"攻守兼备"的优势。这只基金具备较高的收益弹性，风格为均衡配置型。该基金近 1 年、近 3 年、近 5 年的收益表现都不错，回撤控制得很好。由于风险相对较高，因此只占有 10% 的资产比例，主要为组合增强收益。

李女士此次的投资为中长期投资，所以组合并不是由纯债基构成的，考虑以稳健收益为投资目标，权益资产的部分不能超过 20%。构建组合时，主要选择适合中长期持有的基金，理论上，短期波动不会对投资产生较大的影响，长期持有能实现资产的稳健增长。

投资者在构建保守偏稳健基金组合时，要以中低风险策略来筛选基金产品，如果有短期赎回的需求，也可以配置一点货币基金。打底收益主选优质债券基金，再用 ≤ 20% 的偏股资产来增厚收益。

5.3.3 稳健偏平衡基金组合

稳健偏平衡基金组合适合有一定风险承受能力、风险偏好高于保守型投资者但并不激进的投资者。这类投资者对证券市场风险有较为清晰的认识，不会回避风险，也不会主动追求风险，有获得较高投资收益的需求，以均衡、稳健为投资原则。

构建稳健偏平衡基金组合时，底仓以固定收益类基金产品为主，部分配置偏股混合基金或普通股票型基金，图 5-25 为稳健偏平衡基金组合示意图。

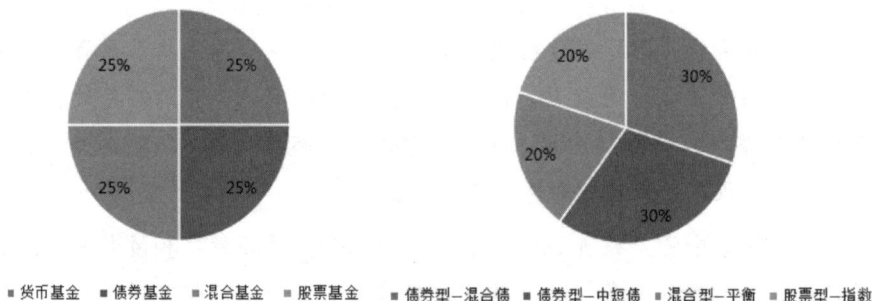

图 5-25　稳健偏平衡基金组合示意图

典型的稳健偏平衡基金组合有两种，一种是平均分配，另一种是六四开。平均分配为均衡投资策略，将资产平均投资于 4 种类型不同的基金，此组合具有"攻守兼备"的特点；六四开为稳健投资策略，此组合权益型产品配置理论上限为 40%，下限为 20%。下面来看一个案例。

理财实例

侧重均衡投资的基金组合

张先生 35 岁，已组建家庭，有一个女儿，即将上小学。张先生在一家私营企业从事市场营销工作，税后工资约 15 000.00 元。妻子月收入 10 000.00 元，夫妻二人均有社保，家庭有存款 20.00 万元。

目前，夫妻二人都处于事业上升期，收入比较稳定。每月家庭基本生活开支为 5 000.00 元，包括通信费、餐费等。张先生一家在市郊有一套住房，每月要还房贷 5 000.00 元，女儿学杂费等约为 1 000.00 元，日常外出就餐、娱乐消费约 1 500.00 元，其他开支约为 1 000.00 元。每月收支基本能平衡，但结余不多。

张先生工作很忙，平时没有时间去理财，主要投资为货币基金。考虑到未来开支会越来越多，张先生希望用闲置资金来进行一次理财规划，通过基金投资来实现资产的稳健增值。

据张先生家庭目前的财务状况，要预留一部分应急资金，约为 20 000.00 元，这笔资金不能用于投资理财。同时要拿出一部分补充商业保险，保费约为 10 000.00 元，20 000.00 元作为孩子开学花费，剩余 15.00 万元能做基金投资。

张先生夫妇都比较年轻，也处于职业上升期，暂时没有财务风险，有较强的风险承受能力，但不愿意承受较高的风险，能容忍的损失在 10% 以下，具体的组合方案如图 5-26 所示。

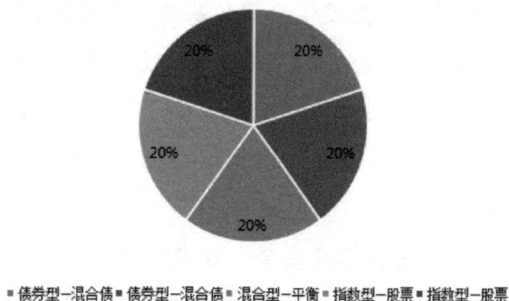

■债券型-混合债 ■债券型-混合债 ■混合型-平衡 ■指数型-股票 ■指数型-股票

图 5-26　基金组合示意图

张先生用 60% 的资金做稳健投资，40% 的资金做较为积极的投资，希望资金长期跑赢通胀，稳健获利。组合中的基金具有以下特点。

20% 基金资产投资可攻可守的二级债基。该基金成立于 2008 年，是一只老基金，从基金成立以来的收益来看，极少出现亏损，近 3 年、近 5 年的收益回报在同类基金中排名前 30，基金回撤较小，标准差约为 5%，适合不愿冒太大风险、偏稳健的投资者。图 5-27 为基金成立以来的累计收益率走势。

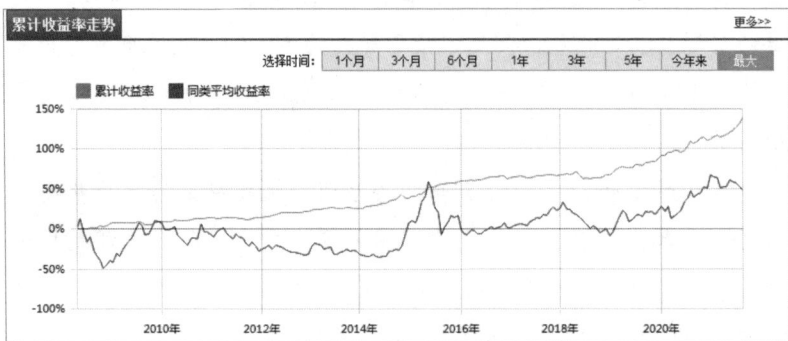

图 5-27　基金累计收益率走势

20% 基金资产投资绝对收益特征显著的混合债基。该基金的基金经理擅长可转债券投资，追求绝对收益。投资策略是在长期稳定回报的基础上，实现小幅增强。从基金的业绩表现来看，长期回报亮眼，对投资者而言，基金的持有体验会较好。稳健收益回报能帮助组合有效规避风险，很适合作为防守产品为组合稳定盈利。

20% 基金资产投资混合型股债平衡的基金。该基金定位为"稳健增长"，成立于 2011 年，经历过完整的牛熊周期，在股价暴跌的极端市场行情下，也表现出了优秀的回撤控制能力，回撤远小于沪深 300 指数。从基金历史业绩来看，虽然没有涨得很迅猛，但长期实现了相对稳健的回报，适合想要求稳的投资者。

20% 基金资产投资宽基指数基金。这只指数基金跟踪沪深 300 指数，综合来看，沪深 300 指数的盈利能力会更强。张先生看好未来沪深 300 指数的中长期收益率，因此选择一只基金管理费率相对较低、业绩表现优异的沪深 300 指数基金。从基金的跟踪指数的误差来看，跟踪误差很小，图 5-28 为该基金跟踪误差数据。

图 5-28　指数基金指标

20% 基金资产投资跟踪创业板指数的基金，该基金聚焦创业板核心资产，收益弹性大。在大幅上涨的市场行情下，创业板指数的涨幅常常高于其他指数，具有较高的盈利能力。张先生看好创业板的成长性，认为未来 3 ～ 5 年创业板指数会有良好的表现，因此他选择了一只规模较大、跟踪误差较小，在同类业绩排名一直稳居前列的创业板指数基金。图 5-29 为基金业绩评价，其中跟踪误差表现很优秀。

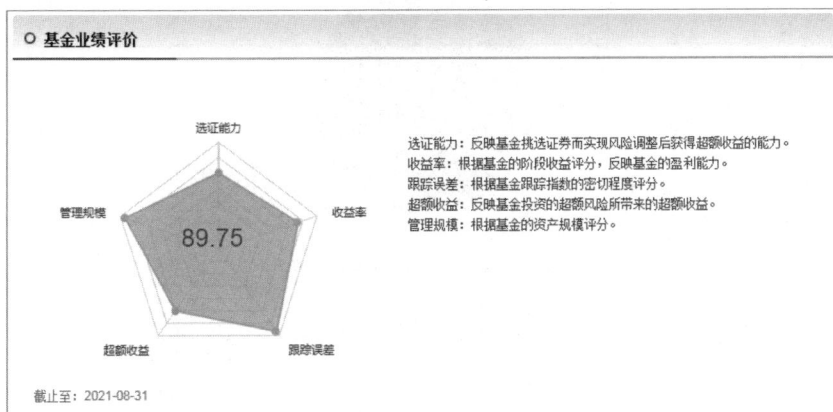

图 5-29　基金业绩评价

上述张先生的基金组合体现了个人投资风格，5 只产品占比平衡。债券型基金、混合型基金都选择了收益回报相对稳健的产品；配置权益资产时，选择了两只风格不同的指数基金。

整体来看，张先生的基金组合所配置的基金数量适中，所选产品的相关性较低，对没有时间去关注市场走势、中长期持有不会频繁变动的工薪族来说，这样的组合能在长时间内带来较高的投资回报。

总体来看，对于追求稳健、均衡投资的工薪族来说，能承受一定程度的亏损，同时对收益的预期也更高。那么可以考虑具备以下特质的基金组合：以固收类产品为主，再配置部分权益型产品，权益型产品占比不能超过 40%，组合中的产品占比差距不会很大。

在构建稳健偏平衡的基金组合时，要结合实际灵活运用，但不要让组合过于均衡。比如选择了 20 只基金，每只基金占比 5%，这样的组合方式会让组合过于平均，反而不能起到很好的风险抵御作用。比如投资者要用部分资金投资货币基金，以便随时取用，那么其他资产可按 3 ：3 ：3 的比例来配置，这样也能起到很好的平衡作用，如图 5-30 所示。

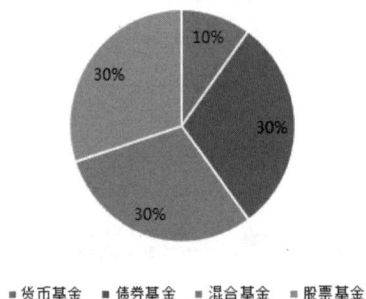

图 5-30　基金组合示意图

第6章

进阶策略，长期向上收益组合怎么配

　　每位工薪族可接受的风险程度都是不同的，基金组合的配置也会有差异。对风险承受能力较高的投资者而言，可以用进阶组合策略来为自己争取更为丰厚的投资回报。

6.1 追求资产升值的基金组合

追求稳健收益的工薪族一般会将自己的预期回报定得低一些，如
10% 以下。追求高收益的投资者，会适当调高投资目标，如 20% 左右。
这种情况下，如果同样构建稳健的基金组合，往往不能获得理想的预期
回报，需要利用进阶组合来实现资产的积极增值。

6.1.1 进阶基金组合适合的人群

工薪族人群中，有人投资偏保守，有人投资偏稳健，也有人更偏好激
进投资。进阶基金组合就是一种积极进取的投资组合方式，适合以下人群。

◆ 追求更高收益的工薪族

如果工薪族投资者有追求更高收益的需求，那么就可以配置进阶基金
组合。这类工薪族的投资目标不再是获得一定的保值增值，而是实现资产
升值，甚至是实现财务自由，他们关心长期的高回报，能够接受短期的资
产价值波动。

◆ 具有冒险精神的投资者

此类投资者具有冒险精神，他们愿意进行风险较大的大额投资，在投
资理财上，会更多地关注收益，而不是担忧风险。为了提高投资收益，他
们愿意面对可能出现的风险以换取高收益。

◆ 经济实力较强的工薪族

从工薪族的经济实力来看，进阶基金组合更适合收入稳定、薪资水平
高有一定财富积累的工薪族。此类投资者能够确保资金的稳定性，能够进
行长期性投资，即使投资出现亏损，也不会影响家庭保障。需要注意，这
里的收入主要指可支配收入，如果薪资稳定但家庭可支配资产并不多，那
么也不适合进行高风险投资。下面来比较两个不同家庭情况的工薪族，如
表 6-1 所示。

表 6-1 比较不同家庭状况的工薪族

比 较 项	王 先 生	刘 先 生
收入	年薪 100.00 万元	年薪 100.00 万元
住房情况	无房贷压力	有房贷压力
费用支出	主要是个人日常生活开支和娱乐消费	生活开支、子女教育等费用，能承担但少有剩余
父母赡养	父母有退休金，身体较好	父母没有退休金，身体状况不太好，有医疗费开支
个人保障	有社保和商业保险	有社保，未购买商业保险

从上表可以看出，虽然王先生和刘先生薪资水平相当，但刘先生可以用来自由支配的收入却很少。考虑到家庭对资金的需求，刘先生更适合构建稳健的基金组合，而王先生可以尝试进阶基金组合。

◆ 投资经验丰富的专业投资者

进阶基金组合也适合有丰富投资经验的工薪族。此类工薪族对市场的收益水平和波动有清晰的认识，有过股票、黄金及其他高风险金融产品的投资经验。他们具备专业的投资理财知识，能够理性投资，并且有一定的时间去专注于投资理财，风险承受能力高。

6.1.2 进阶基金组合的原则

进阶型基金组合要突出"进"的特点，构建基金组合时，要遵循以下组合原则。

（1）高权益资产仓位原则

工薪族要通过进阶组合获取更高收益，权益类资产的持仓就不能太低，否则将很难实现目标收益率。

理财实例

模拟基金组合

以模拟组合为例，分别按照 8∶2 和 2∶8 的比例来配置债券型基金和股票型基金，基金组合配置如图 6-1 所示。

图 6-1　模拟基金组合示意图

假设在 2019 年 8 月 1 日一次性投入 10.00 万元，希望获取 20% 以上的投资回报，两个组合的持仓明细如图 6-2 所示。

持仓明细	□显示持有份额为零的基金		□显示货币基金分红信息							截止日期
渠道：其他										
市场	基金名称	持仓净成本(元)	持仓市值(元)	权重(%)	净值/价格(元)	单日盈亏(元)	单日盈亏(%)	持仓盈亏(元)	持仓盈亏(%)	实际盈亏(元)	总费用(元)
一级	易方达高等级信用债券 - A	9,920.63	9,394.98	6.82	1.1260	0.00	0.00	-525.65	-5.30	-79.37	79.37
一级	华夏价值精选混合	78,817.73	116,997.04	84.90	1.4844	1,529.06	1.32	38,179.31	48.44	-1,182.27	1,182.27
一级	华夏希望债券A	9,900.99	11,411.31	8.28	1.2920	17.66	0.16	1,510.32	15.25	-99.01	99.01

持仓明细	□显示持有份额为零的基金		□显示货币基金分红信息							截止日期
渠道：其他										
市场	基金名称	持仓净成本(元)	持仓市值(元)	权重(%)	净值/价格(元)	单日盈亏(元)	单日盈亏(%)	持仓盈亏(元)	持仓盈亏(%)	实际盈亏(元)	总费用(元)
一级	易方达高等级信用债券 - A	39,682.54	37,579.93	33.41	1.1260	0.00	0.00	-2,102.61	-5.30	-317.46	317.46
一级	华夏价值精选混合	19,704.43	29,249.26	26.01	1.4844	382.27	1.32	9,544.83	48.44	-295.57	295.57
一级	华夏希望债券A	39,603.96	45,645.24	40.58	1.2920	70.66	0.16	6,041.28	15.25	-396.04	396.04

图 6-2　模拟组合持仓明细

上图分别为"进阶组合"和"稳健组合"的持仓明细。假设投资者在 2021 年 9 月 3 日选择赎回两个组合中的基金，两个组合最终的盈亏情况，如图 6-3 所示。

组合统计										截止日期
初次交易	单日盈亏 (元)	单日盈亏 (%)	持仓盈亏 (元)	持仓盈亏 (%)	持仓市值 (元)	总成本 (元)	累计分红 (元)	实际盈亏 (元)	账户现金 (元)	取现余额 (元)	总费用 (元)	总回报 (%)
2019-08-01	0.00	0.00	0.00	0.00	0.00	100,000.00	0.00	35,736.29	135,736.29	0.00	3,427.69	35.74

组合统计										截止日期
初次交易	单日盈亏 (元)	单日盈亏 (%)	持仓盈亏 (元)	持仓盈亏 (%)	持仓市值 (元)	总成本 (元)	累计分红 (元)	实际盈亏 (元)	账户现金 (元)	取现余额 (元)	总费用 (元)	总回报 (%)
2019-08-01	0.00	0.00	0.00	0.00	0.00	100,000.00	0.00	10,787.32	110,787.32	0.00	2,696.19	10.79

图 6-3　模拟组合统计

从上图可以看出，"进阶组合"的总回报为 35.74%，"稳健组合"的总回报为 10.79%。虽然两个组合都为投资者带来了正收益，但是"稳健组合"的回报未达到期望的 20% 以上的投资收益。

（2）长期持有原则

相比稳健的基金组合，进阶基金组合更需要长期持有，短期内组合的波动可能会较大。这时如果频繁进行申赎操作将进一步增加投资成本。构建进阶基金组合的投资者要以追求长期权益市场机会为投资目标，投资期限较短的投资者不建议构建进阶基金组合。

（3）操作分批原则

构建进阶基金组合的投资者可能很难把握最高点和最低点，只能在相对高（低）的位置上进行操作。面对这种情形，可以采取分批买入的方式来构建组合。另外，投资者也可以采用定投的方式来构建进阶基金组合，通过把握定投节奏来平摊投资成本。

6.2　中高风险型基金

在进阶基金组合中，中风险、中高风险、高风险基金要占较大的比例。这类基金主要有 3 类，分别为混合型基金、指数型基金和股票型基金。投资者要对这几类基金有较为清晰的认识。

6.2.1　灵活配置的混合基金

混合型基金的分类比较复杂，根据《中国银河证券公募基金分类体系规则（2019 版）》，按照资产投资比例和投资策略，混合型基金可分为偏股型基金、行业偏股型基金、灵活配置型基金、股债平衡型基金、偏债型基金、保本型基金、避险策略型基金、绝对收益目标基金、其他混合型基金共 9 个二级类别。

对普通投资者而言，可从资产配置的角度来区别混合型基金。这里把混合型基金大体分为混合型—偏债基金、混合型—偏股基金和混合型—平衡基金、灵活配置型基金。感兴趣的投资者也可以查阅分类体系资料了解混合型基金的详尽分类。

（1）混合型—偏债基金

偏债混合型基金的主要特征是以债券为主要投资方向，债券比例下限为 60%，股票比例限定为 0 ～ 30%。银河证券将偏债混合基金定义为基金合同载明或者合同本义是以债券为主要投资方向的，业绩比较基准中债券比例值超过 70% 的混合型基金。

偏债混合基金的风险较低，多为中风险。图 6-4 为易方达鑫转增利混合 C（005877）基金截至 2021 年 6 月 30 日的投资组合资产配置图表。可以看出，这是一只偏债混合基金。

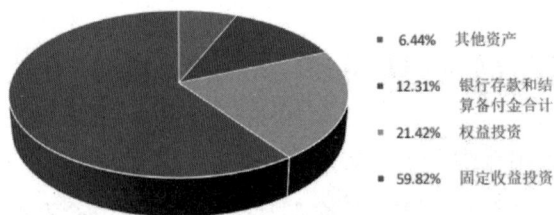

- 6.44%　其他资产
- 12.31%　银行存款和结算备付金合计
- 21.42%　权益投资
- 59.82%　固定收益投资

图 6-4　易方达鑫转增利混合 C 投资组合配置图表

（2）混合型—偏股基金

偏股混合基金的主要特征是以股票为主要投资方向，股票投资仓位下限和上限为 60% ～ 95%。在过去的分类标准中，此类基金叫作股票型基金，新标准将其归类为混合基金。

偏股混合基金的股票持仓比例较高，其风险也较高。图 6-5 为国投瑞银先进制造混合（006736）基金截至 2021 年 6 月 30 日的投资组合资产配置图表。可以看出，这是一只偏股混合基金。

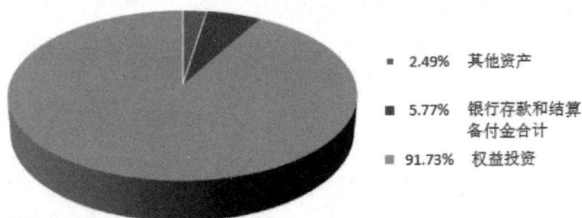

图例：
- 2.49% 其他资产
- 5.77% 银行存款和结算备付金合计
- 91.73% 权益投资

图 6-5 国投瑞银先进制造混合投资组合资产配置图表

（3）混合型—平衡

平衡混合基金的特点是股票与债券配置比例比较均衡。银河证券将平衡混合基金定为不是灵活配置型基金的，基金合同载明或者合同本义是股票与债券配置比例比较均衡，业绩比较基准中的股票比例值与债券比例值在 40% ～ 60% 的混合基金。基金名称中有"平衡"二字的混合基金就是典型的平衡混合基金。有些平衡混合基金名称没有"平衡"二字，可通过业绩比较基准和资产配置比例来判断该基金是否为平衡混合基金。

以广发内需增长混合 A（270022）基金为例，基金名称中没有平衡二字，但其业绩比较基准为沪深 300 指数收益率 ×65%+ 中证全债指数收益率 ×35%，资产配置比例是股票资产占 30% ～ 65%，债券资产占 20% ～ 65%，现金 ≥ 5%，因此，该基金为平衡混合基金。

（4）混合型—灵活

灵活配置型混合基金比较好识别，在基金名称全称中有"灵活配置"4个字，股票和债券比例配置灵活，股票仓位在 0 ～ 95%。可以看到灵活配置型混合基金的股票仓位跨度很大，给了基金经理很大的操作空间。理论上，如遇到"股灾"等极端市场行情，股票投资比例可以为 0。

虽然灵活配置型混合基金的仓位灵活，但基金经理在进行管理运作时，一般会根据自身的投资风格，将股票仓位限定在一个范围内，如中银锦利灵活配置混合 A（003850）与金鹰民族新兴混合（001298），都属灵活配置型混合基金，前者更偏债，后者更偏股。图 6-6 为两只基金的投资分布。

图 6-6　两只基金投资分布图

混合基金风险适中，资产配置灵活，可供投资者选择的空间大。实际投资中，投资者可根据股债占比将混合基金看作两类：偏股还是偏债。然后再根据投资需求，进一步选择细分类型下的混合基金。另外，在基金产品介绍页，也可以了解混合基金的基金类型，如图 6-7 所示。

图 6-7　基金产品介绍页

6.2.2　跟踪指数的指数基金

指数基金的最大特点是跟踪一个指数，其运作规则透明，基金费用相对也较低。指数基金也可以分为多种类型，如表 6-2 所示。

表 6-2　指数基金分类

类　别	基金类型
资产类别	股票指数基金，以标的股票指数为主要跟踪对象
	债券指数基金，以标的债券指数为主要跟踪对象
	商品指数基金，以标的商品指数为主要跟踪对象，如黄金、白银，这类指数基金数量很少
投资地域	国内指数基金，跟踪国内市场指数的基金，如沪深 300
	国外指数基金，跟踪国外市场指数的基金，如标普 500
投资策略	标准指数基金，采取完全复制法进行指数管理和运作
	增强指数基金，以跟踪标的指数为主，但可以实施增强策略或优化策略
投资标的	宽基指数基金，规模大、覆盖面广的指数，如上证 50、创业板指数、中证 500 指数
	窄基指数基金，又称为行业指数基金，限定某一行业的指数，如中证医疗指数、中证军工指数
交易机制	场内交易指数基金，又称为封闭式指数基金，能在二级市场交易，但不能申购和赎回的指数基金
	场外交易指数基金，又被称为开放式指数基金，不能在二级市场交易，能向基金公司申购、赎回，绝大多数指数基金都是场外交易指数基金
	指数型 ETF 基金，一种特殊的开放式基金，主要为突出 ETF 而单独形成分类，股票可以认购 / 申购基金份额，基金份额可以赎回股票的特殊的指数股票型基金，如南方中证 500ETF（510500）

续表

类　　别	基金类型
交易机制	指数型 LOF 基金，既能在场内交易，也能在场外申购和赎回的指数基金
	指数分级基金，指数化的分级基金产品，分级基金将基金份额分为预期风险收益不同的子份额，包括母基金（基础）份额、A 份额和 B 份额，母基金可以在场外交易，分级份额可以在场内交易，根据监管政策要求，分级基金已退出历史舞台
特殊类别	可将 ETF 联接基金看作是 ETF 基金的"孪生兄弟"，是基金公司开发的一种场外指数基金，主要针对普通投资者。ETF 联接基金将绝大部分基金资产投资于跟踪同一标的指数 ETF，如南方中证 500ETF 联接 A（160119）

理财贴士 *股票指数分类*

指数基金紧密跟踪标的指数，因此，投资者还要对股票指数分类有一定了解。股票指数可分为规模指数、行业指数、风格指数、主题指数和策略指数。

6.2.3　风险较高的股票型基金

股票型基金将 80% 以上的基金资产投资于股票，具有高风险、高收益的特点。目前，市场上的股票基金数量已越来越多，投资者要认识股票基金的分类方法。因为从分类中可以看出股票型基金的风险收益特点，这能帮助投资者进行股票型基金筛选，找到更适合自己的基金。股票型基金可按操作方式、行业主题、投资市场等来分类。

◆　操作方式

按操作方式，股票型基金分为被动型股票基金和主动型股票基金。被动型股票基金采取被动操作方式，前面介绍的指数基金就是被动型股票基金。主动型股票基金采取主动操作方式，很考验基金经理的管理运作能力，因此，在选择主动型股票基金时，要了解基金经理的选股策略。

如有精选 A 股、港股通，或者 A 股 + 港股通标的股票的主动型股票基金。基金名称中带有"港股通"的，投资策略上就会偏港股通标的股票。如广发港股通成长精选股票 A（009896），在其产品资料概要中有以下介绍。

本基金主要投资于港股通标的的股票，在深入研究的基础上，精选质地优良的股票进行投资。在严格控制风险的前提下，追求超越业绩比较基准的投资回报。

◆　行业主题

行业主题分为环保行业、消费行业、TMT、金融科技、房地产等。具体可参考证监会行业或主题分类标准。

行业主题股票基金主投某一特定行业主题。如华商医药医疗行业股票（008017），主要投资于医药医疗行业的优质上市公司，如化学制药、中药、医疗器械等。图 6-8 为该基金持仓前 10 的股票。

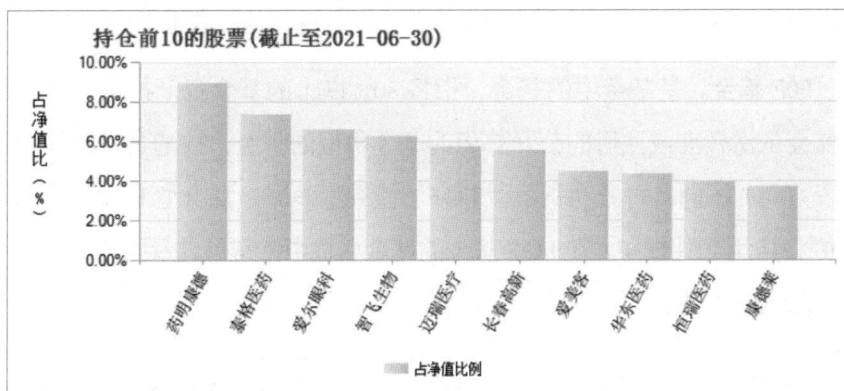

图 6-8　华商医药医疗行业股票基金持仓前 10 的股票

◆　投资风格

按投资风格可分为大盘、小盘、中盘，成长、平衡、价值。该分类具体可查看前面的内容，这里不再过多讲解。

◆ 其他分类

除了以上主要的 3 种类型外，股票型基金也可以按投资市场分为国内股票型基金、国外股票型基金和全球股票型基金。按股票种类可分为优先股股票基金和普通股股票基金。

6.2.4 其他中高风险基金

LOF 基金、QDII 基金、FOF 基金也有中高风险的基金产品。这 3 类基金很好识别，基金名称中就有具体的标识。

LOF 基金。有混合型、指数型、股票型、债券型、货币型。如平安鼎泰混合（LOF）（167001）是 LOF 混合基金、大成产业升级股票（LOF）（160919）是 LOF 股票基金，天弘添利债券（LOF）C（164206）是 LOF债券基金。

QDII 基金。根据投资标的的风险收益特征分为 QDII 股票基金、QDII混合基金、QDII 债券基金和 QDII 其他基金。这类基金数量很少。

FOF 基金。是基金中的基金，指将 80% 以上的基金资产投资于经中国证监会依法核准或注册的公开募集的基金份额的基金，按基金投资标的及投资方向的不同，可分为货币型 FOF、债券型 FOF、混合型 FOF、股票型FOF 和其他类型 FOF。在 FOF 基金的基金名称中常常可以看到"养老"二字，如图 6-9 所示。

序号	基金代码	基金简称	日期	单位净值	累计净值	日增长率	近1周	近1月	近3月	近6月	近1年	近2年	近3年
1	006307	嘉实养老20	09-01	1.6239	1.6239	-0.33%	0.41%	4.37%	5.32%	5.55%	13.84%	59.90%	---
2	006245	嘉实养老20	09-01	1.4944	1.4944	-0.19%	0.44%	3.85%	4.60%	4.65%	11.93%	46.64%	---
3	008631	国泰民泽平衡	09-01	1.1265	1.1265	-1.05%	0.36%	3.49%	6.18%	6.81%	11.46%	---	---
4	008625	国富平衡养老	09-01	1.2133	1.2133	-0.71%	0.00%	3.25%	4.92%	3.70%	9.29%	---	---
5	012056	华商嘉悦养老	09-01	1.0519	1.0519	-0.36%	0.65%	3.19%	5.19%	---	---	---	---

图 6-9 FOF 基金

这突出了该 FOF 基金以养老为目标。根据《养老目标证券投资基金指引（试行）》，养老目标基金是指以追求养老资产的长期稳健增值为目的，鼓励投资人长期持有，采用成熟的资产配置策略，合理控制投资组合波动风险的公开募集证券投资基金。

6.3 如何选择中高风险基金

从选择面来看，市场上种类丰富的中高风险基金有混合型基金、指数基金和股票型基金。下面主要以这 3 类基金为例，来看看在构建进阶基金组合时，要如何挑选这 3 类基金。

6.3.1 综合分析混合型基金

选择混合型基金，基金持仓、业绩走势、基金经理等数据会很重要。构建进阶基金组合时，可综合以下几方面来选择混合型基金。

（1）看基金持仓

基金持仓决定了这只混合型基金是稳健型、平衡型还是激进型，同时也影响着基金的风险收益特征。比如易方达鑫转增利混合 A(005876)为混合型—偏债，而信诚新兴产业混合 A（000209）为混合型—偏股。这从基金的长期资产配置明细中就可以看出，图 6-10 为两只基金的资产配置明细。

报告期	股票占净比	债券占净比
2021-06-30	23.30%	65.06%
2021-03-31	27.15%	87.49%
2020-12-31	29.86%	89.28%
2020-09-30	29.82%	85.69%
2020-06-30	29.82%	80.73%
2020-03-31	23.30%	84.36%
2019-12-31	19.46%	81.02%

报告期	股票占净比	债券占净比
2021-06-30	91.97%	—
2021-03-31	89.89%	—
2020-12-31	90.59%	—
2020-09-30	91.32%	—
2020-06-30	89.36%	—
2020-03-31	81.47%	—
2019-12-31	82.30%	0.20%

图 6-10 易方达鑫转增利混合 A（左）和信诚新兴产业混合 A（右）资产配置明细

除了看基金持仓是偏股还是偏债外，还要了解混合基金持仓的行业主题。如前海开源中国稀缺资产混合 A（001679），这是一只灵活配置型混合基金。从行业主题来看，这只基金主要投资稀缺资源主题相关股票，主要集中在医疗服务、高端制造（新能源）、消费（白酒）等朝阳行业龙头，整体来看，持仓多行业，且比较平稳。图 6-11 为该基金持仓前 10 的股票。

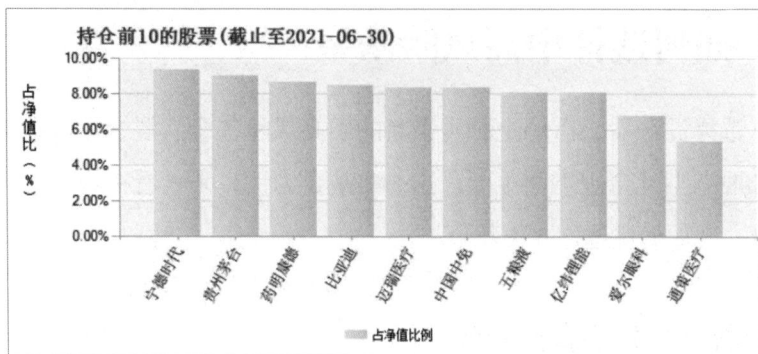

图 6-11　前海开源中国稀缺资产混合 A 持仓前 10 的股票

多行业持仓的混合基金比单一细分行业持仓的混合基金风险要低，也更适合长期持有。持仓单一行业的混合基金，波动会较大，常常领涨又领跌，更适合做波段操作。如果只是做短期进阶组合配置，或者作为行业补充，倒是不错的选择。只不过对投资者能力要求高，更适合专业投资者，一般不建议将单一行业混合基金作为核心配置。

（2）看基金业绩

首先要选择整体收益曲线是向上走的混合基金；其次，从风格来看，稳健型混合基金应表现出较强的回撤控制能力，业绩弹性较小，长期应趋平稳向上走势。进攻型基金应表现出较高的成长性，基金业绩会有较大弹性波动，但长期应震荡往上走。图 6-12 为易方达新兴成长灵活配置（000404）累计收益率走势，出现较高的波动率，但大涨超过下跌，整体震荡向上。

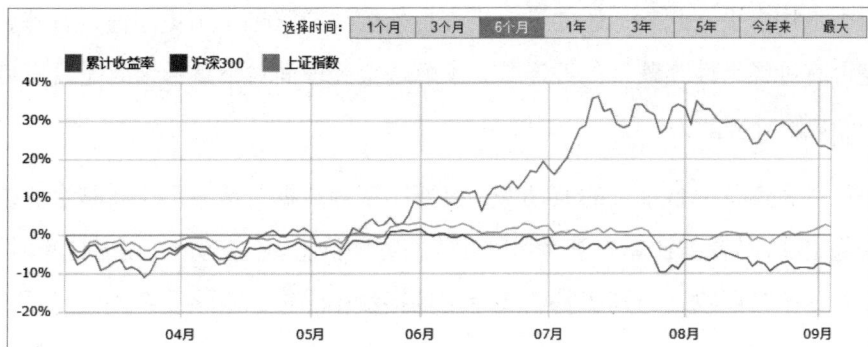

图 6-12　易方达新兴成长灵活配置累计收益率走势

查看累计收益率走势时，还要了解业绩比较基准和同类平均收益率，看混合基金的业绩是否优于业绩比较基准这条"及格线"。若低于这条"及格线"，即使收益为正，也是不合格的。图 6-13 为易方达新兴成长灵活配置同期业绩比较基准收益率，从图中可以看出，基金管理运作是合格的。

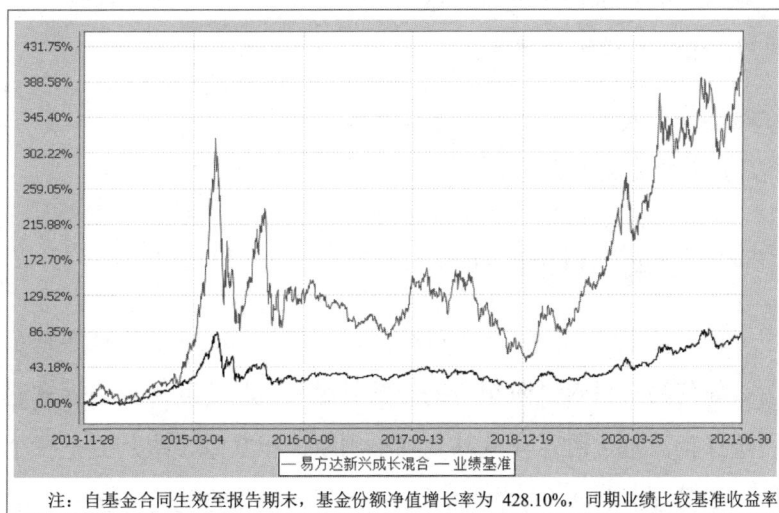

注：自基金合同生效至报告期末，基金份额净值增长率为 428.10%，同期业绩比较基准收益率

图 6-13　易方达新兴成长灵活配置同期业绩比较基准收益率

与同类平均比较时，看基金业绩是否能跑赢同类平均。若高于同类平均这条线，说明跑赢了同类平均水平；若低于同类平均这条线，说明跑输

同类平均水平。此外，还要进一步查看基金阶段涨幅、历史净值，看基金是否有过经常性连跌，如五连跌。了解基金经理面对下跌行情时是否有良好的风险处理能力。

然后查看混合基金的波动率、夏普比率等数据，从波动率看基金业绩的稳定性，从夏普比率看基金风险和收益的性价比。看波动率、夏普比率时，要找一个参照物，与同类基金或者市场指数相比较，看该混合基金是否表现优秀。

（3）看基金经理

了解基金经理的知识背景、从业经历、基管理金特点、风格倾向、投研经验等。看基金成立时间、基金经理从何时接手这只混合基金，以及基金经理的从业年均回报率。如果基金经理管理的多只混合基金都表现优异，那就说明该基金经理的业绩是比较稳定的。如果业绩良莠不齐，那么高业绩可能有一定的偶然性。

除此之外，还可以综合混合基金规模、基金公司实力、手续费来筛选适合构建进阶组合的混合基金。

6.3.2　全面了解一只指数基金

现今，市场上的指数基金品种较多，即使是常见的宽基指数基金数量也不少。如何筛选适合进阶组合的指数基金，也是工薪族投资者常遇到的难题。选择指数基金时，先从基金名称判断该指数基金跟踪的是哪个标的的指数。如易方达上证 50 增强 A（110003），跟踪的就是上证 50 指数。

投资者可以根据指数的编制方法和成分股了解该指数的风格。以上证 50 指数为例，其选择的是上海证券市场规模大、流动性好的最具代表性的 50 只股票作为样本，图 6-14 为 2021 年 9 月 6 日发布的成分股列表数据。

浦发银行(600000)	上海机场(600009)	民生银行(600016)
中国石化(600028)	中信证券(600030)	三一重工(600031)
招商银行(600036)	保利地产(600048)	中国联通(600050)
上汽集团(600104)	复星医药(600196)	恒瑞医药(600276)
万华化学(600309)	通威股份(600438)	贵州茅台(600519)
山东黄金(600547)	恒生电子(600570)	海螺水泥(600585)

图 6-14　上证 50 成分股列表部分数据

上图所示的公司都是有影响力的龙头企业。这些企业市值大，在行业内营收利润都相对比较稳定，一般很难出现剧烈增长或衰退。这决定了上证 50 波动性较小，整体会比较稳，在进阶组合中，可以与主动型基金或者其他成长性较好的指数基金搭配。投资者可通过证券交易所官网、市场指数提供商了解重点指数的编制方法、成分股列表、行业分布及样本表现。下面以上海证券交易所为例。

理财实例

在上海证券交易所查看指数简介

进入上海证券交易所官网（http://www.sse.com.cn/），单击"数据"选项卡，在下拉列表中单击"上证系列指数"超链接，如图 6-15 所示。

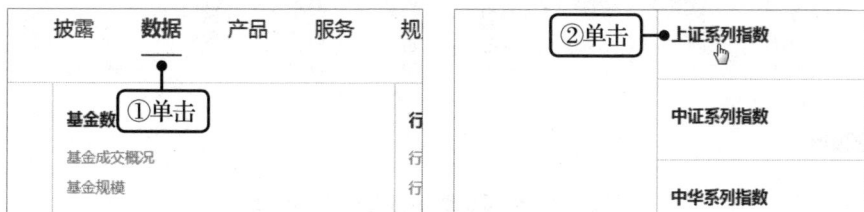

图 6-15　进入上海证券交易所官网

单击"指数列表"超链接，在右侧可以看到上证系列指数列表，包括规模指数、行业指数、主题指数等。单击要查看的指数名称超链接，这里单击"上证指数"超链接，如图 6-16 所示。

图 6-16　进入指数列表页

在打开的页面中可以查看指数基本信息，单击"行业分布及权重"超链接可查看指数的行业分布与权重，如图 6-17 所示。

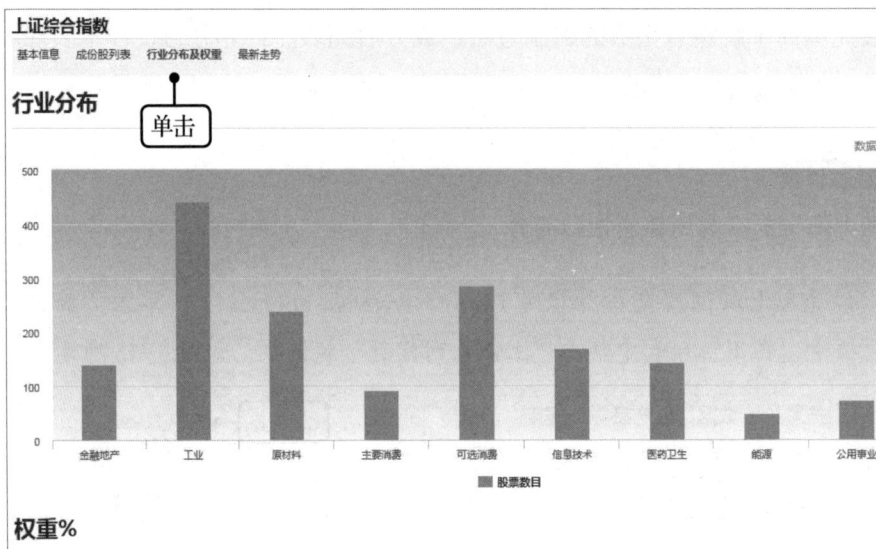

图 6-17　查看指数的行业分布与权重

对指数有充分的认识后，根据自身风险承受能力、投资策略来选择适合的指数，比如以下几种思路。

①想要求稳，那么中证 50、沪深 300 指数基金就比较合适；要选择成长性更好的，可以考虑中证 500 和创业板指数基金。

②看好整体市场的发展，可以选择规模指数；看好某一行业主题，可以考虑行业、主题、风格指数，专业投资者也可以考虑低估值的一些指数。

③长期投资优先考虑定投宽基指数，分享市场长期红利；短期投资更适合选市场关注度较高的行业指数，通过波段操作获利。

确定好指数的大致范围后，进行指数基金的筛选。具体筛选时，要做到以下几点。

◆ 了解标的指数

不少指数基金名称有相似性，但其跟踪的标的指数其实是有差别的。以军工指数为例，国泰中证军工 ETF（512660）、前海开源中航军工指数（164402）、富国中证军工龙头 ETF（512710），这 3 只基金都有"军工"二字，但三者跟踪的指数并不相同，如表 6-3 所示。

表 6-3 指数基金跟踪的指数标的

基金名称	标的指数	指数简介
国泰中证军工 ETF	中证军工指数	由十大军工集团控股的且主营业务与军工行业相关的上市公司以及其他主营业务为军工行业的上市公司作为指数样本，反映军工行业上市公司的整体表现
前海开源中航军工指数	中证中航军工指数	选取航天军工主题公司股票组成样本股，以反映此类股票的整体走势
富国中证军工龙头 ETF	中证军工龙头指数	分别从军工业务、军转民业务中选取代表性的公司，包括主要军工集团下属公司和主营业务涉及军工产品和服务的其他上市公司

从上表可以看出，这 3 只基金跟踪的标的指数是有一定差异的。在选择时要注意区别，不要混淆了。

◆ 指数化投资比例

不同的指数基金，其投资于指数成分股的比例会有所不同。以中证

500 指数为例，这里选取了博道中证 500 增强 A（006593）和农银中证 500 指数（660011）两只指数基金，两只基金的投资范围如下所示。

博道中证 500 增强 A。股票资产占基金资产的比例不低于 90%，投资于标的指数成分股及备选成分股的比例不低于非现金基金资产的 80%。

农银中证 500 指数。投资于标的指数成分股和备选成分股的比例不低于基金资产的 90%；除股票以外的其他资产投资比例范围为基金资产的 5%～10%，其中现金或到期日在一年以内的政府债券投资比例不低于基金资产净值的 5%。

可以看出，博道中证 500 增强 A 基金 80% 按照指数选股，而农银中证 500 指数 90% 按照指数选股。这体现了标准指数基金和增强指数基金的区别，增强指数基金在跟踪指数的基础上，会用 20% 基金资产做增强操作。

增强操作的部分所采用的策略也有区别，主要有两种，一是基本面增强，二是量化增强。如易方达上证 50 增强 A（110003）采用的就是基本面增强，而南方中证 500 量化增强 A（002906）采用量化增强策略。

◆ 基金规模

基金规模也是选择指数基金需要考虑的要素，不宜选择规模太小的指数基金，一般要在 2.00 亿元以上。特别是完全复制指数表现的标准指数基金，更要选择规模较大的。增强指数基金则不宜选择规模太大的，适中规模较好，规模太大会影响增强操作。一般而言，2.00 亿～10.00 亿元是比较适合的，更容易实现增强策略。

◆ 跟踪误差

跟踪误差是指数基金特有的衡量指标。误差客观存在，但是对于标准指数基金、ETF 基金这类倾向于采用完全复制法的基金来说，误差率越低越好，说明基金的拟合度越高、管理运作水平越高，风险也越小。

图 6-18 为农银中证 500 指数（660011）基金的跟踪误差，跟踪误差低于同类平均，且低于 1%。

图 6-18　农银中证 500 指数基金跟踪误差

如果增强指数基金，会在跟踪指数的基础上，力争获得超越指数的投资收益，因此重点关注超额收益表现，看基金是否能稳定地跑赢跟踪标的。图 6-19 为博道中证 500 增强 A（006593）基金累计收益率走势。

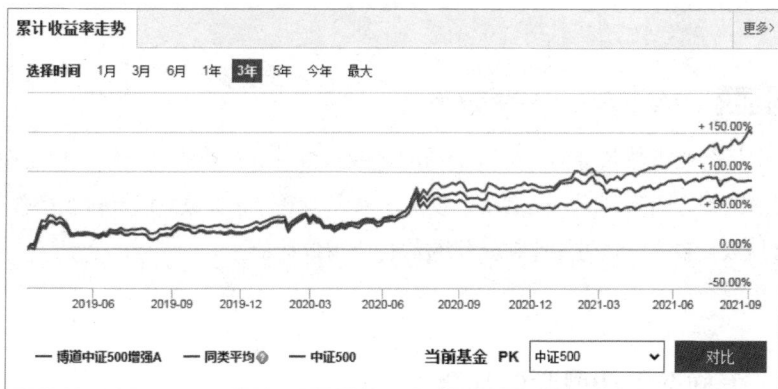

图 6-19　博道中证 500 增强 A 基金累计收益率走势

该基金成立于 2019 年 1 月 3 日，在成立初期增强效果表现并不是很亮眼，建仓期结束后，随着基金管理运作逐渐成熟，超额收益有明显提升，逐步拉开与中证 500 指数的距离，与同类平均相比，也有一定的优势。

再来看看该基金的信息比率。信息比率反映单位主动风险所带来的超额收益，比率高说明超额收益高。图 6-20 为博道中证 500 增强 A 基金风险数据。从图中可以看出，该增强指数基金近 1 年的信息比率为 0.26、近 2

年的信息比率为 0.44，与同类基金相比也处于前列。

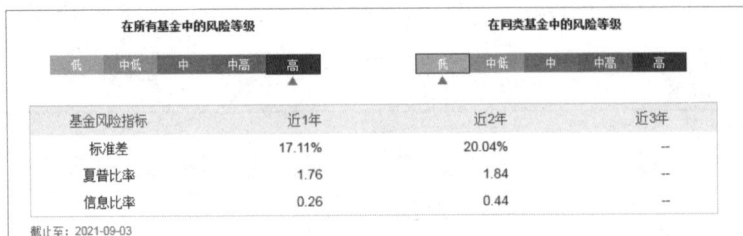

图 6-20　博道中证 500 增强 A 基金风险数据

◆　基金费率

指数基金也有费率上的差异，即使是跟踪同一标的指数的指数基金，也可能存在差异。在选择时，进行费率比较，在同等情况下，优先选择费率更低的指数基金。

理财贴士　*如何选择行业指数基金*

选择行业指数基金前，先选优秀的行业指数，从行业的景气度、稳定性、发展潜力等方面来判断，然后结合投资需求来确定行业指数。选定行业指数后，结合指数基金的筛选方法来挑选优秀的行业指数基金。

6.3.3　怎样选主动型股票基金

股票型基金兼具高风险、高收益性，选择主动型股票型基金时，要考察基金的盈利能力、抗风险能力和选股能力等。

（1）盈利能力

通过股票型基金的整体收益表现来看股票型基金的盈利能力，主要考虑基金的阶段收益率是否超越平均水准。阶段收益率反映基金某一阶段的收益水平。相比其他基金，股票型基金更容易出现大涨或大跌的情况，所以要比较同类平均。

　　图 6-21 为泰达转型机遇股票 A（000828）历史业绩表现，可以看出，该基金前几年的业绩表现一般，2019 年开始发力，近年来业绩表现突出。

历史业绩（%）								2021-09-03
	今年以来	2020	2019	2018	2017	2016	2015	2014
总回报	62.85	104.90	71.23	-29.88	12.10	-16.79	-11.84	-
+/-基准指数	65.33	79.12	37.52	-2.50	-3.06	-3.51	-26.75	-
+/-同类平均	54.90	60.21	31.88	-4.01	-2.23	-5.46	-35.24	-
季度回报（%）								2021-06-30
	一季度		二季度		三季度		四季度	
2021 总回报	-14.67		59.53		-		-	
+/-同类平均	-12.24		47.90		-		-	
2020 总回报	0.91		26.82		11.43		43.69	
+/-同类平均	5.58		9.08		-0.83		30.85	
2019 总回报	37.48		-2.71		11.51		14.81	
+/-同类平均	9.76		0.20		8.39		6.40	
2018 总回报	-0.65		-13.28		-11.52		-8.01	
+/-同类平均	2.10		-3.46		-6.97		3.22	

图 6-21　泰达转型机遇股票 A 历史业绩表现

　　投资者还可以结合阿尔法系数和夏普比率来评价股票型基金的盈利能力。阿尔法系数是超额收益和期望收益的差额，用于衡量基金超额收益大小。阿尔法系数越大，超额收益也就越大。

　　主动型股票基金会主动追求超越业绩比较基准的投资回报，因此，往往会有超额收益。通过阿尔法系数和夏普比率可以帮助投资者更加准确地衡量主动型股票基金的盈利能力。图 6-22 为泰达转型机遇股票 A 基金的风险评估和风险统计数据。

➡ 风险评估						2021-08-31
	三年	三年评价	五年	五年评价	十年	十年评价
平均回报（%）	-	-	-	-	-	-
标准差（%）	31.94	-	27.99	-	-	-
晨星风险系数	12.91		12.48		-	
夏普比率	1.95	-	1.19		-	
➡ 风险统计						2021-08-31
			相对于基准指数			相对于同类平均
阿尔法系数（%）			48.66			33.01
贝塔系数			1.04			1.31

图 6-22　泰达转型机遇股票 A 风险评估和风险统计数据

从上图可以看出，泰达转型机遇股票 A 基金近 3 年和近 5 年的夏普比率为 1.95 和 1.19。相对于基准指数，阿尔法系数为 48.66%；相对于同类平均，阿尔法系数为 33.01%。整体来看，近 3 年来（指 2019—2021 年）表现出较强的盈利能力。

（2）抗风险能力

选择股票型基金时，还要关注基金的抗风险能力。抗风险能力是基金经理管理能力的一种体现，可结合最大回撤指标来了解基金的抗风险能力，表 6-4 为截至 2021 年 9 月 6 日，泰达转型机遇股票 A 抗风险波动指标。在任的基金经理从 2017 年 12 月 19 日开始管理该基金，因此仅选择近 3 年的指标。

表 6-4　泰达转型机遇股票 A 抗风险波动指标

	最大回撤			波 动 率		
	近 6 月	近 1 年	近 3 年	近 6 月	近 1 年	近 3 年
本基金	13.27%	29.70%	29.70%	43.90%	42.52%	35.78%
指标均值	12.21%	19.81%	21.81%	25.28%	25.09%	25.12%
指标排名	411/599	478/491	294/307	599/599	491/491	307/307

最大回撤要与同类产品相比较，因为成长型股票基金往往会比价值型、平衡型股票基金有更大的收益率波动。通过同类比较，更能客观地衡量股票型基金的抗风险能力。

泰达转型机遇股票 A 是一只偏成长型风格的股票型基金。从 2021 年 9 月 6 日的数据可以看出，该基金近 6 月、近 1 年、近 3 年的最大回撤分别为 13.27%、29.70% 和 29.70%，与同类相比，回撤控制并不算特别好。只不过在基金经理的管理下，最大回撤小于成立以来的最大回撤，收益表现亮眼。如果投资者有意向用该基金构建进阶组合，那么回撤控制不足就是特别需要关注的一个点。

（3）选股能力

基金经理的主动管理能力很大程度上决定了主动型股票基金的超额收益，因此，选股能力就是一个重要的衡量指标。考察基金经理的选股能力，要对股票型基金的持仓进行分析，如图 6-23 所示。

图 6-23　股票基金持仓分析

仓位水平。通过股票占基金资产的比例来了解股票型基金的仓位水平。以泰达转型机遇股票 A 为例，该基金股票资产占基金资产的比例为80% ~ 95%，其中投资于转型机遇主题的上市公司股票不低于非现金基金资产的 80%。

重仓个股。通过前十大股票持仓来查看基金的重仓个股，同时根据股票投资明细了解基金的调仓频率和调仓幅度。表 6-5 为泰达转型机遇股票 A 基金 2021 年第一季度和第二季度的股票投资明细。

表 6-5　泰达转型机遇股票 A 股票投资明细

第一季度				第二季度			
亿纬锂能	拓普集团	天赐材料	宁德时代	宁德时代	璞泰来	天赐材料	精达股份
司太立	中国中免	宏达电子	当升科技	星源材质	诺德股份	华友钴业	震裕科技
中孚信息	东方通			中科电气	和胜股份		

可以看出，在第二季度基金进行了幅度较大的调仓。再结合基金过往的调仓情况来看，重仓股调整相对较频繁。另外，也可以根据换手率来了解股票基金的调仓频率，换手率越高，换仓越频繁。

仓位集中度。通过十大重仓股持有市值占基金资产净值的比例来分析仓位集中度。如果十大重仓股就占了80%以上的资产，说明该股票型基金仓位集中度高，偏好集中投资。

行业分布。了解基金的持仓行业分布情况，看基金主要配置哪些行业，以及行业配置是否经常调整。图6-24为泰达转型机遇股票A行业分布，可以结合历史分布来看。

代码	行业	占净资产(%)	+/-同类平均	
A	农、林、牧、渔业	-	-0.26	
B	采矿业	-	-1.55	
C	制造业	89.08	41.71	
D	电力、热力、燃气及水生产和供应业	-	-0.79	
E	建筑业	1.39	0.61	
F	批发和零售业	0.02	-0.59	
G	交通运输、仓储和邮政业	2.37	1.13	
H	住宿和餐饮业	-	-0.10	
I	信息传输、软件和信息技术服务业	-	-3.55	

➡行业分布 <<历史分布 2021-06-30 2021-03-31 2020-12-31 2020-09-30 更多>>　2021-06-30

图6-24　泰达转型机遇股票A行业分布

持仓风格。看基金是偏大盘成长风格，还是中盘平衡风格，以及投资风格是否稳定。另外，可结合基金报告了解基金经理的投资策略。图6-25为泰达转型机遇股票A基金2021年中期报告中的内容。

　　基于对产业周期的判断，本基金上半年仍然集中配置在高景气的新能源车产业链中游和上游。虽然一季度末经历了原材料快速大幅上涨和芯片短缺等不利因素的冲击，但我们观察到新能源上游原材料价格仍然呈上涨趋势，同时中游排产屡创新高，显示出非常高的行业景气度。

　　我们认为目前的新能源车产业类似12年-15年的智能机产业，渗透率处于迅速提升阶段，在渗透率达到30%之前，任何短期扰动大概率是机会。本基金会牢牢把握这一时代赋予中国制造业的机会。

　　我们将力争按照投资景气行业龙头的投资方法，灵活选择业绩超预期概率更高的行业，把握中国经济转型的历史机遇。

图6-25　泰达转型机遇股票A基金投资策略和运作分析

经过以上几步，基本上能对股票基金的选股情况有较为清晰的认识，再通过基金经理从业经验、基金业绩以及夏普比率、阿尔法系数、标准差等辅助指标来综合评判基金经理的选股能力。

另外，投资者也可以结合基金业绩评价图来了解基金经理的选股能力。在基金业绩评价图中可以看到选证能力、收益率、抗风险、稳定性、择时能力 5 个评分指标。其中，选证能力和择时能力都能在一定程度上反映基金经理的选股能力，如图 6-26 所示。

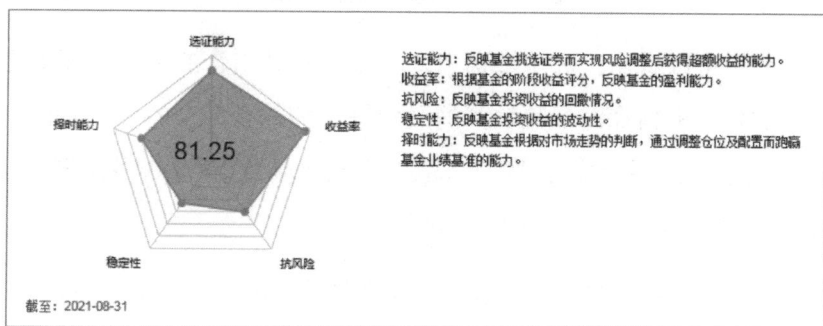

图 6-26　泰达转型机遇股票 A 基金业绩评价图

6.4　进阶基金组合配置策略

进阶基金组合与稳健基金组合在仓位配置上有很大不同，组合中的中高风险基金占比会明显增加，货币型基金和债券型基金不再是绝对的核心标配，混合型基金和股票型基金的位次会得到提升。

6.4.1　进阶基金组合构成

从投资目标来看，进阶基金组合更加关注组合的收益，而不是稳定性，因此中高风险、高风险基金要占较大比例。图 6-27 为进阶基金组合的一种典型配置。

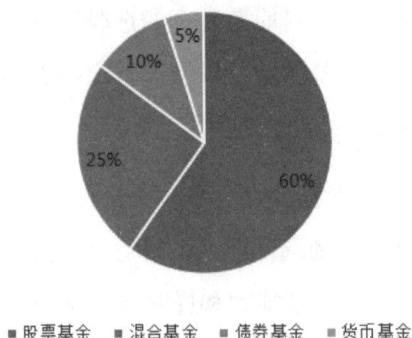

■ 股票基金　■ 混合基金　■ 债券基金　■ 货币基金

图 6-27　进阶基金组合示意图

从上图可以看出，进阶基金组合与稳健基金组合的不同之处主要在于权益类资产的占比。风险较高的股票基金和混合基金的占比共达到了85%。对于高风险承受能力投资者来说，提高权益类资产的配置比例，可以通过承担风险波动，力争长期的超额收益。

在进阶基金组合中，股票基金一般要占据较大比例，这样才能实现长期资本积极增值的目标，当然偏股型混合基金和指数基金也是可以考虑的。图 6-28 为以混合基金为主的进阶基金组合配置。

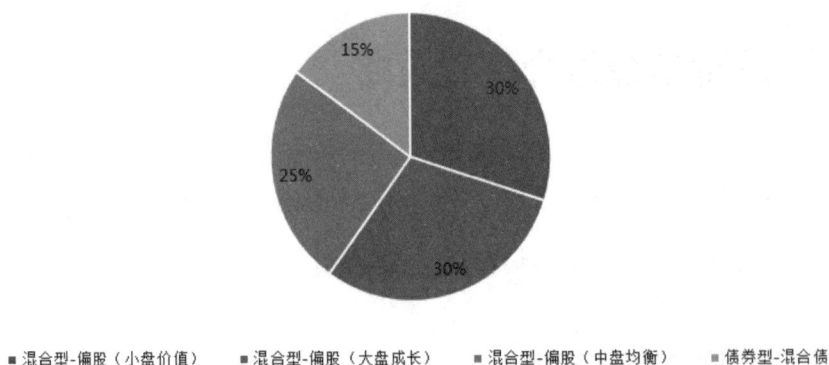

■ 混合型-偏股（小盘价值）　■ 混合型-偏股（大盘成长）　■ 混合型-偏股（中盘均衡）　■ 债券型-混合债

图 6-28　混合基金为主的进阶基金组合示意图

上图所示的组合由三只混合型偏股基金和一只债券型基金构成。债券基金属于相对稳健的产品，给予 15% 的资产配比，旨在降低组合风险。混合型基金选取了投资风格不同的产品，通过分散投资来平衡风险。

在配置混合基金时，没有选择小盘成长风格的混合型偏股基金，这样可以相对地降低组合的波动风险。下面再来看看以指数基金为核心的进阶组合配置，如图 6-29 所示。

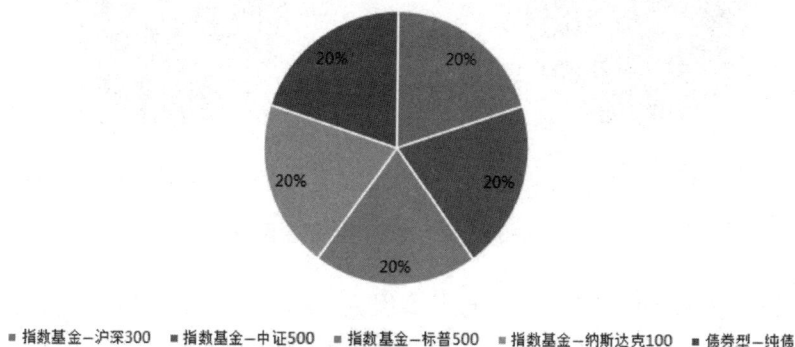

■ 指数基金—沪深300　■ 指数基金—中证500　■ 指数基金—标普500　■ 指数基金—纳斯达克100　■ 债券型—纯债

图 6-29　指数基金为核心的进阶基金组合示意图

从图中可以看到，该组合的配置思路并不复杂，由四只指数基金和一只债券基金构成。指数基金分别选择国内指数和国外指数，国内指数由沪深 300 和中证 500 组成，避免了组合重叠；国外指数由标普 500 和纳斯达克 100 组成，这两个指数也有很大的差异。五只基金都给予 20% 的资产配比，在保证股票基金高仓位的同时通过均衡配置来降低组合波动。

6.4.2　灵活进取基金组合方案

灵活进取基金组合追求较高的长期回报，采用股债搭配的方式来构建组合。组合中，固收类基金为防守配置，权益类基金为进攻配置，通过均衡偏股的配置来让组合能攻善守。

灵活进取基金组合会用 50% 以上的资金配置偏股基金，因此组合会存在一定的波动。适合能承受一定波动的成长型、进取型投资者，通过均衡偏股组合配置来获取较高的长期回报。图 6-30 为灵活进取基金组合配置方案。

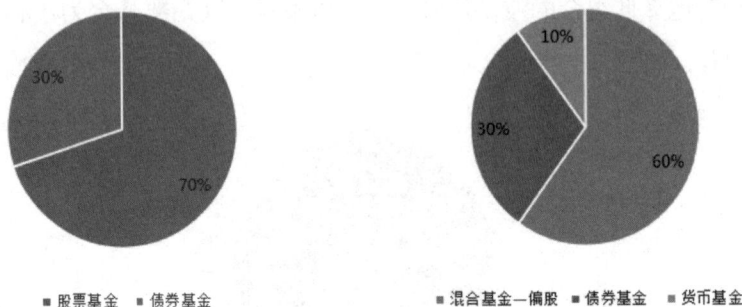

图 6-30 灵活进取组合基金配置

以上为两种典型的灵活进取基金组合，两个组合都用 30% 左右的资金配置债券基金，旨在提高组合的防御性，同时搭配较高比例的偏股基金来增强收益。下面来看一个灵活进取组合配置案例。

理财实例

均衡偏股基金组合

赵先生 32 岁，是一家企业的中层管理者，月薪 20 000.00 元，年终奖约为 100 000.00 元。妻子在一家私人企业任职，月薪 12 000.00 元。夫妻二人收入稳定，父母帮忙照顾 2 岁的儿子。

赵先生有很强的风险意识，除社保外，夫妻双方都有保障性商业保险。考虑未来育儿、父母赡养压力会越来越大，赵先生决定每月拿出 5 000.00 元做基金投资。

结合自身需求，赵先生构建了一个适合长线定投的基金组合，组合初步方案如图 6-31 所示。

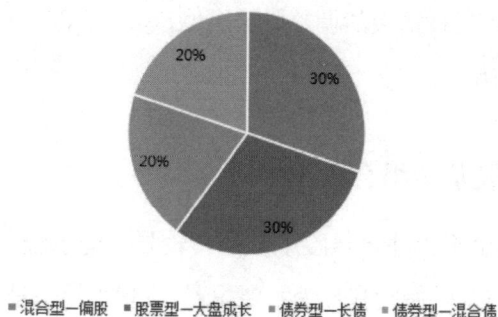

■混合型—偏股　■股票型—大盘成长　■债券型—长债　■债券型—混合债

图 6-31　均衡偏股基金组合

　　定投初期基金组合配置相对较简单，采用均衡偏股组合策略，40% 资金投资债券基金，60% 资金投资偏股基金，后期再根据市场环境调仓。

　　因为要长线定投，所以选择了适合长期持有的两只债券型基金，以提高组合中债券基金的收益率。混合型基金和股票型基金都选择了偏好成长风格的基金，波动相对较大，定投更有意义。经过一段时间定投后，赵先生进行了组合调仓，调整后的组合如图 6-32 所示。

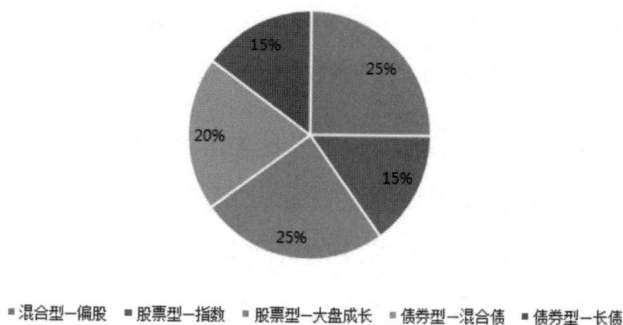

■混合型—偏股　■股票型—指数　■股票型—大盘成长　■债券型—混合债　■债券型—长债

图 6-32　均衡偏股基金组合

　　进一步提高权益仓位，对偏股类基金进行优化，增加中证 500 指数基金，提高权益仓位的分散程度，实现主动型、被动型，大盘、中盘，成长型、均衡型的结构配置，以让组合更好地适应市场行情变化。

　　可以看出，赵先生的基金组合以长期投资为配置策略，用 60% 以上的资金配置偏股基金，再适度配置债券型基金来控制组合波动。后期还可以根据基金表现、市场行情灵活调整股债比例，如减少波动较大的偏股基金、增强固收部分比例。

6.4.3　积极进取基金组合方案

积极进取基金组合适合风险承受能力较强，追求较高长期超额回报的工薪族。该基金组合以偏股基金为主要配置，少量配置偏债基金来分散风险，组合短期波动可能会很大，因此资金要能够投资 3 ～ 5 年，图 6-33 为积极进取组合配置方案。

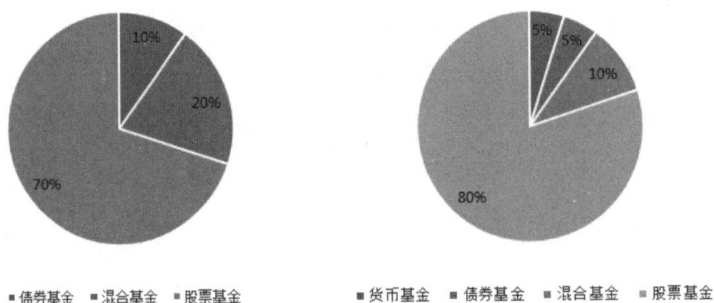

图 6-33　积极进取基金组合配置方案

从上图可以看出，高风险产品投资比例高达 70% 以上。占比最高的为股票基金，其次为混合基金，债券基金和货币基金占比最少。在配置积极进取基金组合时，不要将 70% 以上的资产全部投资于一只股票基金，而要让权益资产品种适度均衡。下面来看一个案例。

理财实例

行业主题进取基金组合

"90 后"工薪族孙女士在一家互联网科技公司从事游戏开发工作，月薪 25 000.00 元左右，存款 10.00 万元，有一套房屋自住。除去日常开销、社交人情等支出，每月还能存下钱。

　　孙女士有理财习惯，且偏好互联网理财产品。她对养老问题很关注，计划利用基金投资来进行养老理财，以保证高品质的退休生活。孙女士目前还比较年轻，有较强的风险承受能力。此次投资以养老金储备为目标，投资期限较长，因此，初期可以用高股票仓位来力争超额回报。图 6-34 为初期基金组合配置方案。

图 6-34　行业主题进取基金组合

　　孙女士的基金组合由货币基金、债券基金、混合基金和股票基金构成。货币基金的部分主要是日常随取随用的现金资产，有时会低于 5%。配置债券基金主要是为了平衡风险，占比很小。其余资金用于投资风险较高的权益类产品，为组合冲击更高收益。权益类产品选择了不同行业、不同风格的偏股基金，通过组合配置来分散风险。

　　孙女士个人比较看好未来电子竞技游戏市场的发展，因此，选择了一只文化传媒行业—电竞概念的股票基金。两只混合基金选择了长期业绩优异的基金产品，主要为组合创造较好的基础收益。孙女士认为消费行业未来的增长会相对稳定，比较适合长线投资，所以投资了一只消费行业的股票基金。

　　持有组合 6 个月后，孙女士进行了一次组合调仓。此次调仓主要有以下几点原因。

　　①部分基金产品业绩表现不佳。

　　②有买车计划，对收益稳定性需求增加。

③对权益类产品进行结构优化。

孙女士的基金组合调仓方案，如图 6-35 所示。

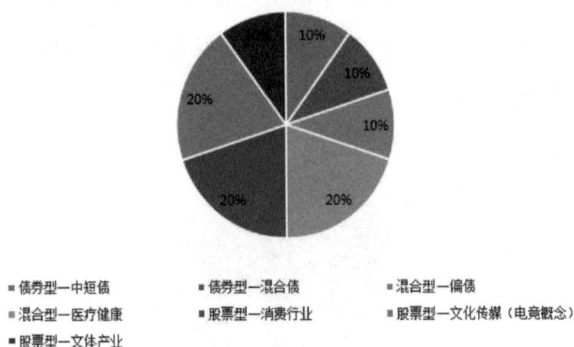

图 6-35　基金组合调仓方案

孙女士的调仓主要提高了偏债基金的占比，并对权益类产品进行了行业结构优化，加入了一只文体产业股票基金。

整体来看，孙女士的基金组合为"激进型"配置，组合体现了个人投资理念。随着自身需求发生改变，逐步调低了权益类资产的配置比例，让组合更加平衡，避免极端市场行情对组合业绩造成较大影响。同时，根据持仓体验替换组合中业绩表现不佳的产品。

随着年龄增长，财务状况发生改变，投资者可以对积极进取基金组合进行调仓。如 28 岁时构建积极进取基金组合，32 岁时逐步降低权益类资产的配置比例。另外，也可以根据市场环境变化进行组合调仓，如增加政策利好的行业主题股票基金，替换与市场风格不符的基金。组合调仓可以缓慢进行，不必急于一时。

总之，不管是均衡型基金组合还是进取基金组合，都要符合自身投资目标、资金使用周期以及风险承受能力，这样才能确保构建的基金组合满足个人需求。

第7章

技能提升，基金投资进阶技巧掌握

　　在进行基金投资的过程中，还有很多技巧需要投资者掌握。这些技巧可以帮助投资者合理控制投资风险，更好地构建基金组合，规避基金投资的误区。本章将结合不同理财需求人群的情况，来看看基金投资过程中的一些实用技巧。

7.1 投资风险防范方法

不管是哪种类型的基金，总会存在一定的风险，只是风险高低的差别。在进行基金投资时，投资者要严格控制投资的风险，避免因个人非理性行为导致投资失败。

7.1.1 衡量自选基金风险指数

高估个人风险承受能力是很多工薪族进行基金投资时常犯的一个错误。每个投资者心中都应该有一杆秤，去衡量自选基金的风险指数是否是自己能够承担的。

初次投资，建议投资者用小额资金做试探性投资。特别是买入中高风险基金产品时，试探性投入可以减少盲目性操作。另外，投资者还要主动去判断基金风险，常用的基金风险衡量指标有标准差、贝塔系数、最大回撤、夏普比率和跟踪误差。这些指标在基金平台都可以查到，在买入基金前，投资者不能忽视对这些指标数据的查看。

构建基金组合时，权益类资产占比决定了组合风险的大小，因此，构建组合时，投资者要计算权益资产的总仓位。这个仓位不必很精准，但要有一个大概的范围，以帮助自己判断组合风险。

比如用 10.00 万元买入了 4 只基金，分别为股票基金、纯债基金、股债均衡混合基金和货币基金，每只基金 2.50 万元。股票基金中股债占比为 8 ：2，纯债基金中股票占比为 0，股债均衡混合基金中股债占比为 5 ：5，货币基金中股票占比为 0，这时就可以计算出这 10.00 万元中权益资产的占比，约为 32.5%。

7.1.2 防范基金投资的风险

做基金投资，首先要规避个人主动操作带来的风险。在投资时，要注意以下 4 点。

◆　不能贷款买基金

当下，市场上有很多互联网贷款产品。这些产品多为无抵押产品，可凭个人信用借款，一般实时放款，支持随借随还，于是会有工薪族想到贷款买基金，认为可以利用借来的钱赚钱。

首先，贷款买基金是一种极其危险的投资行为。其次，进行基金投资并不能保证一定获得正收益，如果投资低风险基金产品，获得的收益往往赶不上要还的利息。一旦因投资亏损还不上钱，就会严重影响个人信用记录，逾期还贷会产生逾期费用，导致要还的钱越来越多。

投资者要明确，不管互联网贷款产品的利率有多低，贷款买基金都是不可取的。基金投资并不能让投资者一夜暴富，通过贷款的方式来买基金，其成本会大幅提高，面对的投资风险也会很高。

◆　盲目跟风买基金

不少工薪族在买基金时，容易陷入"热门基金"的陷阱，跟风买入不适合自己的基金产品。比较典型的就是盲目买入理财平台首页推荐的基金产品，持有后才发现自己被套牢了。

跟风买基金是错误的投资行为投资者买基金前不能只看理财平台的基金介绍。个人要对基金产品有充分认识，包括风险等级、基金经理、基金公司、投资目标等，确定该产品适合自己后再买入。

◆　热衷于追涨杀跌

追涨杀跌是很多基金投机者热衷的投资方法，这类投资者认为自己可以在基金上涨时及时买入，等到基金有下跌趋势时及时抛出，最后以高价获利。实际上，这是一种风险很高的基金投资方法。

现实中，基金上涨或者下跌的持续时间都是很难预测的。追涨杀跌只会让投资者更频繁地申赎基金，在这个过程中会产生较高的交易成本。

对普通投资来说，一定要抵御住追涨杀跌的诱惑，坚持长期投资的基金持有理念。盲目追涨杀跌的常见结果是：在基金涨势很好的时候买入，结果在高位接盘，然后承受不了短期波动而卖出，结果导致投资亏损。

◆ 被虚假投资"套路"

互联网理财平台是大部分工薪族偏爱的投资渠道，在互联网上进行投资理财，要注意识别虚假理财的"套路"。

承诺高回报。没有任何理财产品可以承诺高回报，高回报也意味着高风险。如果有所谓的"理财专家"许诺能帮助投资者获取高回报，或者告知投资者能"稳赚不赔"，那么就要提高警惕，这往往是不法分子为骗取钱财而编造的投资骗局。

虚假理财平台。互联网上也有一些虚假基金平台需要投资者防范，这些虚假基金平台看似合法，实则没有金融资质。平台上也会提供基金产品，只不过这些基金产品都是编造的虚假投资项目，这些产品会用"致富""高收益"等字眼来吸引投资者买入。等到投资者真正买入后，资金却打入了诈骗集团的银行账户。

靠着亲情诱骗。部分不法分子还会利用亲情来实施诈骗，将投资者拉进"好友理财群"中，先给点蝇头小利"理财红包"，然后推荐买入虚假基金产品。遇到这种"好友"，投资者不要因碍于面子而不敢拒绝。

7.2　闲置资金基金组合策略

对收入稳定的工薪族而言，如果有一定的闲置资金，又该如何构建基金组合呢？用闲置资金投资理财要注意流动性、收益性和安全性的需求，通过合理规划让财富组合实现保值、增值。

7.2.1　一个月内不用的闲置资金

一个月内不用的闲置资金只能用于短期投资，因此，保证资金的流动性和收益的稳健性才是最佳选择。构建组合时，主要选择更优于活期存款的现金管理工具，再配置部分债券型基金，以满足短期理财需求。图 7-1 为短期理财基金组合配置。

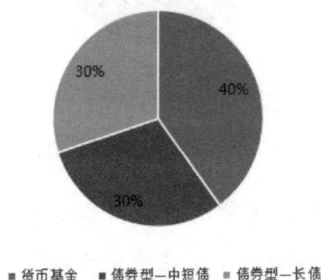

图 7-1　短期理财基金组合

用货币基金来保证资金的高流动性，确保急用钱时能够随时赎回取现，再配置安全性较高的纯债基金，保证组合的稳健收益。下面来看一个具体的案例。

理财实例

零钱管理基金组合

赵先生有存款 6 000.00 元，这笔钱 3 个月以后要用于国庆节外出旅游。对此次短期理财计划，赵先生提出了以下要求。

①风险要低，不能让资金有损失。

②整体收益要比单纯买货币基金高。

③投资成本要低，门槛不能高。

基于以上需求，赵先生买入了 1 只货币基金和 3 只债券基金，组合配置比例如图 7-2 所示。

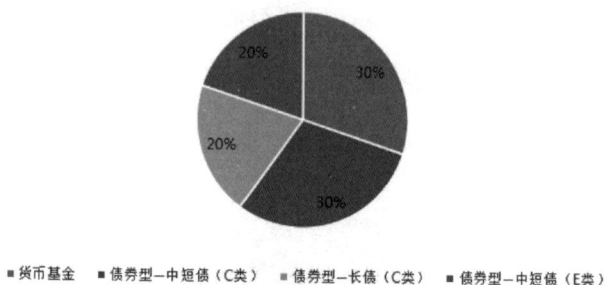

■货币基金　■债券型—中短债（C类）　■债券型—长债（C类）　■债券型—中短债（E类）

图 7-2　零钱管理基金组合

赵先生的基金组合包含了货币型和债券型两类基金，其中债券基金选择了 C 类和 E 类，没有选择 A 类，主要出于以下考虑。

降低投资成本。两只 C 类债券基金不收取申购费，持有期满 30 天后，不收取赎回费，仅收取管理费、托管费和销售管理费。买入的 E 类债券基金也不收取申购费，持有 7 天即可免赎回费，仅收取管理费、托管费和销售管理费。

保证流动性。短期持有后即可免赎回费用，大大提高了资金的流动性，可以保证 3 个月后安心赎回。

对于有短期闲钱理财需求的工薪族来说，货币基金和债券基金是比较好的选择。短期持有，C 类债券基金更有成本优势，因此，应主选 C 类债券基金。考虑到风险性，选择纯债基金更能保证稳定的收益。

7.2.2　一年以上不用的闲置资金

将一年以上不用的闲置基金进行基金投资，还是要以稳健为主，将组合定位为中低风险，采用固收为主、少量权益的基金组合方案。用固定收益类基金为组合争取稳健的基础收益，少量的权益类基金来进一步提升收益，使组合整体稳中有进。如图 7-3 所示为一年以上闲置资金基金组合配置方案。

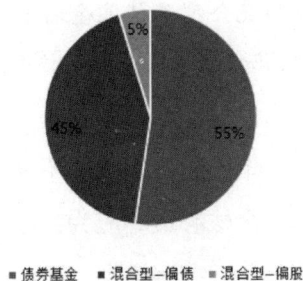

■债券基金　■混合型–偏债　■混合型–偏股

图 7-3　一年以上闲置资金基金组合

上图所示的基金组合主要以偏债型基金为主，确保组合大类资产的投资分布是债券为主、股票为辅。下面来看一个案例。

理财实例

365 天稳健理财基金组合

文先生是一家建筑公司的一名白领，月薪约为 5 000.00 元。他有学习深造的年度计划，准备拿出 10 000.00 元制订中期理财计划，一年后用于岗位学习，以提升自身职业技能。基金组合方案如图 7-4 所示。

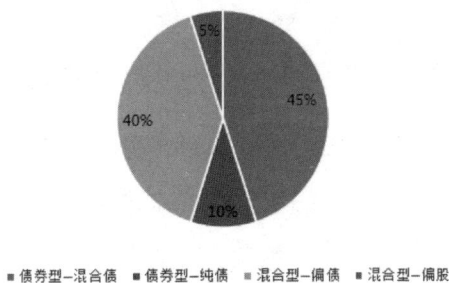

■债券型–混合债　■债券型–纯债　■混合型–偏债　■混合型–偏股

图 7-4　365 天稳健理财基金组合

文先生的基金组合以偏债基金为主，其中债券型—混合债、混合型—偏债基金占了较大部分比例，主要出于以下考虑。

①组合以稳健的偏债基金为主，安全性较高，收益波动较小，可以使中期理财更安心。

②债券型混合债基金和混合型偏债基金都会用少部分基金资产参与权益投资，再加上 5% 比例的混合型偏股基金，适度的权益类资产配比能为组合博取更高收益。

对于基金投资而言，一年的投资期限并不算长，因此，用一年以上的闲置基金构建基金组合，组合核心策略应为：主配固收稳收益，加点股票型基金增收益。

7.2.3 三年以上长期不用的闲置资金

如果有三年以上长期不用的闲置资金，组合配置可以更为激进些，将组合定位为中高风险，让闲置资金积极增值，如图 7-5 所示。

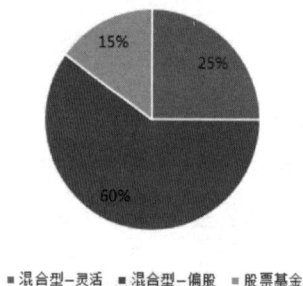

图 7-5 三年以上长期不用闲置资金基金组合

这是一个追求高收益的基金组合，要求闲置资金能进行长期投资，且能承受一定的风险波动。组合中没有配置债券基金，主要通过优选基金、分散配置来减少组合风险。下面来看一个案例。

理财实例

一笔投入财富增值基金组合

杨先生 30 岁，目前与朋友合伙经营一家电子设备公司，年收入上百万，妻子没有工作。杨先生目前的收入不错，但他感到企业经营也有很大的风险，希望通过投资理财让自己的资产 10 年后有很大的增值。

杨先生是一名比较激进的投资者，有 3 年以上的投资理财经验，根据自身投资理念，构建的财富增值基金组合如图 7-6 所示。

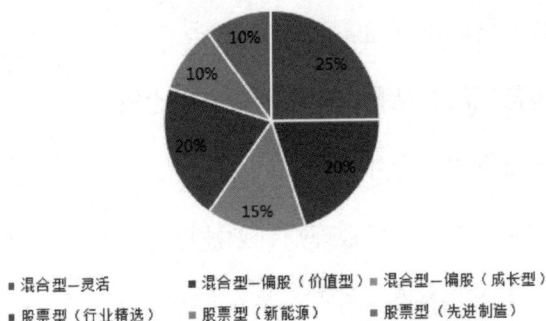

混合型—灵活　　混合型—偏股（价值型）　　混合型—偏股（成长型）
股票型（行业精选）　　股票型（新能源）　　股票型（先进制造）

图 7-6　财富增值基金组合

杨先生用混合型基金和股票型基金构建了自己的基金组合，主要出于以下考虑。

①精选长期业绩优秀的权益类基金产品，将资金均衡分配，形成长期配置方案。

②根据投资风格、行业分散配置，争取组合收益稳健可持续。

③在震荡市中，灵活的混合型基金可攻可守，让组合更具有弹性。

④股票型基金按行业主题分散配置，不走单一赛道，进一步控制组合风险。

有三年以上长期不用的闲置资金，可以构建以权益类基金为主的组合，分散配置不同风格、行业的基金产品。

7.3　不同人群如何构建基金组合

基金组合投资是一种比较个性化的理财方式，每个工薪族都可以结合自身的财务状况、生活条件构建出适合自己的组合方案。下面来看看不同的工薪族人群要如何构建基金组合。

7.3.1　初入职场的青年

对于刚步入职场的青年来说，首先要清楚自身的财务状况，在基金理财过程中可能会遇到以下问题。

①储蓄不多甚至没有储蓄，个人消费支出比较大。

②每个月能攒下的资金并不稳定。

③常常会有额外支出，导致理财计划被打乱。

④职业生涯初期工资收入不高，攒不下钱。

初入职场的青年常常会遇到无财可理的状况。面对这种情况，首先要懂得开源节流，为自己攒下"理财金"。可以采用积少成多的基金投资方式，先将每个月能攒下的钱投资货币基金，等到年中或年末时，再把这笔钱用于构建基金组合。

构建组合时，只要收入来源稳定，就不必过于保守，年轻人的风险承受能力相比老年人要高。初期用 80% 的资金投资于风险相对较小的基金产品，用 20% 的资金投资于风险相对较高基金产品。随着个人财富的积攒，逐步增加中高风险基金产品权重。此阶段由于资金总额较少，持有的基金产品数量就不需要太多，图 7-7 为初入职场青年基金组合常见方案。

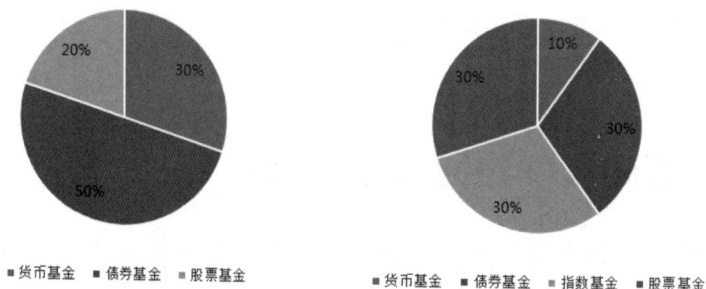

■货币基金　■债券基金　■股票基金　　　■货币基金　■债券基金　■指数基金　■股票基金

图 7-7　初入职场青年基金组合常见方案

7.3.2　需要给孩子储蓄教育金的家庭

对很多工薪族家庭来说，教育支出都是一笔很大的开支。工薪族也可以利用基金组合来帮助自己规划子女教育金，教育金理财规划有以下特点。

①子女教育费用支出没有时间弹性，支出时间和期限都相对固定，金额通常也比较确定。

②教育费用支出的时间比较长，随着子女的成长，以及父母对教育越来越重视，教育费用支出可能会逐年上涨。

③许多家庭没有建立专门的子女教育储蓄账户，对教育金支出没有明确的规划。

既然教育费用支出是一项长期相对固定的支出，那么越早规划就越好。可以为子女建立一个专门的教育储蓄账户，做到专款专用。子女教育金可以由两部分构成，如图 7-8 所示。

图 7-8　子女教育金构成部分

保底教育费用于保障子女教育费基本支出，增值教育费用于高等教育费用支出或者才艺学习支出。

从子女教育金的特点可以看出，教育金理财规划对资金的安全性和收益性都有一定的要求。基于教育金的特性，构建基金组合时要以追求中长期稳健回报为理财目标，图 7-9 为子女教育金基金组合的常见方案。

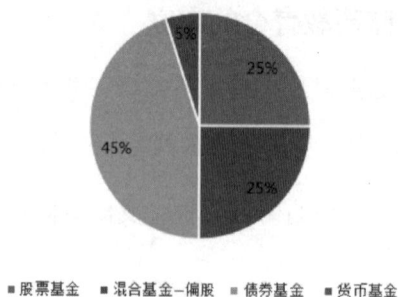

■ 股票基金　■ 混合基金-偏股　■ 债券基金　■ 货币基金

图 7-9　教育金理财常见组合配置

从图中可以看到，偏债基金和偏股基金分别占比 45% 和 50%，采用相对均衡的配置策略，用固收资产保障基础收益，权益资产力争中长期超额收益。在每年开学、放假时一般都会有一笔教育费用支出，部分家庭还可能每月都有支出，因此，配置 5% 的货币基金，便于这笔费用的支取。当基金组合不均衡时，需要进行组合调整，风险承受能力较差的家庭，可以适当降低权益类基金的持有比例，提高固收类基金的占比。

7.3.3　精力有限的上班族

收入稳定，但精力有限的上班族，可以采用定投的方式构建基金组合，不用去预测市场走势，让基金投资更省心省力。既然要定投，就要选择适合定投的基金品种构建组合。

从基金的类型来看，股票基金是比较适合定投的基金品种，分为主动型和被动型两种。投资者如果没有时间去研究哪只主动型基金更优秀，那么建议首选被动型股票基金定投，即指数基金。

指数基金定投组合构建起来相对更容易，另外，指数基金的购买成本相对也比较低，可以减少定投成本。做基金组合定投，比较重要的一点就是确定定投金额。工薪族的资金主要可分为两部分：存量资金和增量资金。

存量资金。简单来讲就是长期攒下的钱，如工作 5 年攒下的 10.00 万元资产。

增量资金。指收入所得结余部分，如每月工资除去支出后的部分。

做基金组合定投，有两种主要的定投方式：一是用存量资金建立底仓，再用增量资金每月定投；二是用存量资金建立保障或者买入其他理财产品，仅用增量资金定投。存量资金一次性买入可能会出现较大波动，对收益波动敏感的上班族建议采用第二种定投方式。那么如何确定每月定投金额呢？可以利用以下公式来确定月定投金额。

月定投金额 =（月收入－月支出）÷2

之所以要除以 2，是因为要留有一部分资金以备不时之需。确定定投金额后，开始构建指数基金组合，如图 7-10 所示。

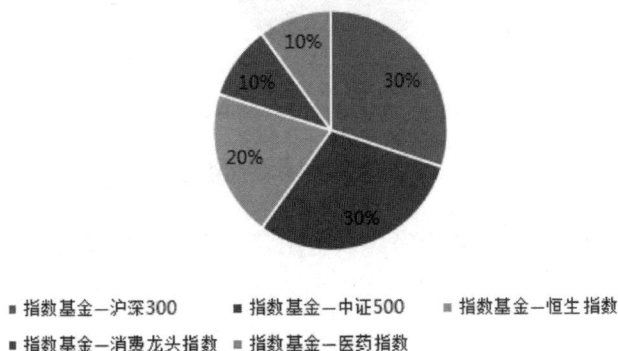

■ 指数基金—沪深 300　　　■ 指数基金—中证 500　　　■ 指数基金—恒生指数
■ 指数基金—消费龙头指数　　■ 指数基金—医药指数

图 7-10　指数基金组合常见配置

采用宽基＋窄基、大盘＋中小盘的指数组合方式，行业主题不选太多，避免组合太分散。宽基指数为主要定投产品，这类指数覆盖面广，盈利会更稳，能够避免组合遭受毁灭性打击。

在构建指数基金组合时，尽量选择自己熟悉的指数。选择行业主题指数时，要选低估值、优秀行业的指数，平时也可以储备一些海外指数作为备选指数。

7.3.4 有丰厚年终奖的人群

有丰厚年终奖的工薪族可以用年终奖来进行一次性投资，这部分资金若不能亏损，比如是用来买车的，那么就不能构建进阶基金组合。具体要根据个人风险承受能力来配置，保守型、稳健型、进取型投资者应采用不同的组合策略。

◆ 保守型投资者

保守型投资者不希望亏损本金，可以采用求稳的组合策略，以债券基金为主构建基金组合，如图 7-11 所示。

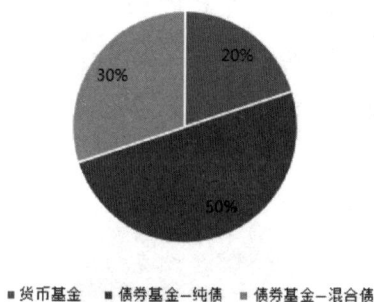

■货币基金　■债券基金-纯债　■债券基金-混合债

图 7-11　保守型投资者年终奖组合配置

临近退休的工薪族也可以考虑以上组合策略，选择风险较低的基金产品，以保值投资为主要目标。

◆ 稳健型投资者

大部分工薪族属于稳健型投资者，虽然有一定的风险承受能力，但承受能力并不是很高，可以考虑用年终奖构建稳健基金组合方案，总体按照 6 ∶ 4 的比例来配置债券和股票资产。

定位为"固收＋"策略，先把风险控制做好，再考虑争取额外收益。图 7-12 为稳健型投资者年终奖组合配置的两种常见方案。

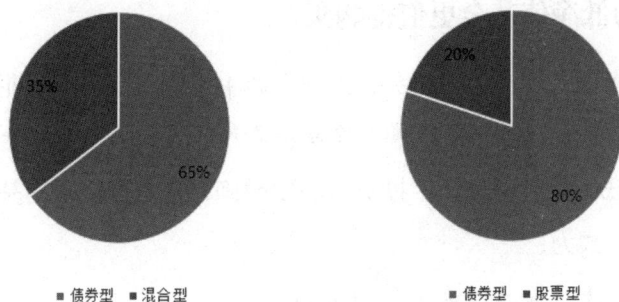

图 7-12　稳健型投资者年终奖组合配置

◆ 进取型投资者

进取型投资者可以利用年终奖来力争获取较高收益，考虑中风险或中高风险组合配置方案。图 7-13 为进取型投资者年终奖组合配置的两种常见方案。

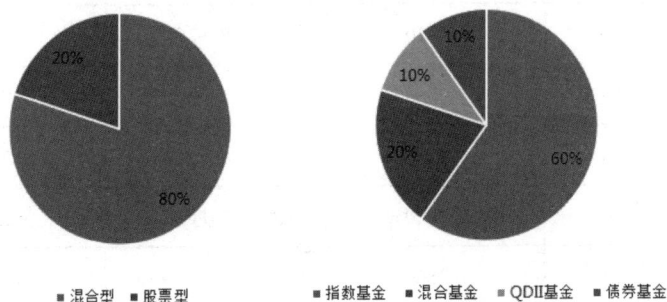

图 7-13　进取型投资者年终奖组合配置

7.4　规避基金投资的误区

初入门基金投资的工薪族，往往会步入投资误区，这些误区看似不起眼，却可能影响投资决策。接下来就来看看新手投资基金常遇见的一些投资误区。

7.4.1　认为低净值基金更值得购买

认为低净值基金更值得购买，是很多新手投资者比较容易犯的错误。出现这种错误的原因主要在于将基金净值看作了股价，认为基金净值与股价一样，价低的更容易反弹。投资者需要明确，基金净值是指基金的单位净值，计算公式为：

基金单位净值 ＝ 总净资产 ÷ 基金份额

基金成立时间、分红次数、业绩表现都会影响基金净值，部分基金净值低，可能是因为分红或者基金管理不佳导致的。表 7-1 为一只 QDII 基金的历史净值明细部分数据。

表 7-1　基金历史净值明细

净值日期	单位净值	净值日期	单位净值
2021 年 9 月 7 日	0.3020	2021 年 8 月 31 日	0.3020
2021 年 8 月 16 日	0.2960	2021 年 7 月 30 日	0.3160
2021 年 7 月 16 日	0.3080	2021 年 6 月 30 日	0.3120
2021 年 6 月 16 日	0.3040	2021 年 5 月 31 日	0.2830
2021 年 5 月 17 日	0.2860	2021 年 4 月 30 日	0.2750
2021 年 4 月 16 日	0.2770	2021 年 3 月 31 日	0.2630
2021 年 3 月 16 日	0.2800	2021 年 2 月 26 日	0.2630
2021 年 2 月 18 日	0.2560	2021 年 1 月 29 日	0.2240
2021 年 1 月 15 日	0.2250	2020 年 12 月 31 日	0.2130
2020 年 12 月 16 日	0.2120	2020 年 11 月 30 日	0.2020

从上表可以看出，该基金的单位净值很低，那么是不是这只基金就很适合买入呢？下面来看看该基金的累计收益率走势，如图 7-14 所示。

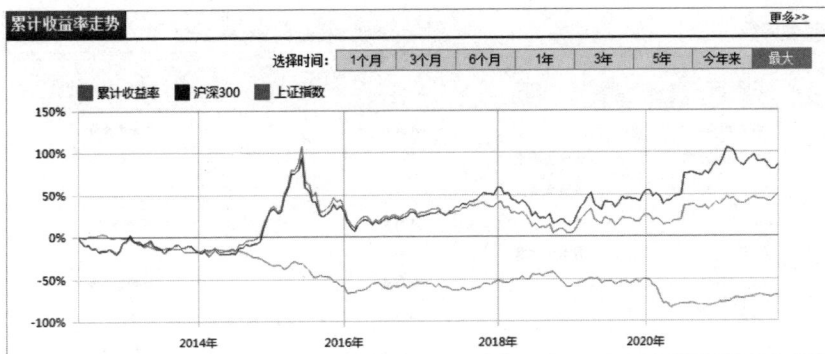

图 7-14　累计收益率走势

从上图可以看出，该基金的累计收益率持续下跌，对投资者来说，即使该基金的净值已经极低了，也并不适合买入。

进行基金投资不能只关注基金净值，一些高净值的老基金，只要长期业绩表现不错，也可以买入。这类基金在未来的表现也不会太差。

7.4.2　按排行榜买基金

有类投资者在投资基金时只有一个策略：看排行榜。他们认为只要是排在前面的基金就好基金。排行榜可以作为基金筛选的一个条件，但不能完全依赖。

在基金理财平台，一般会优先按近 3 月、近 6 月的涨幅来进行基金排行，这就会导致某些新手投资者只看短期的排行榜买基金。基金短期内大涨的基金，可能会存在一定的偶然性，之后的跌幅往往也是很大的。用短期业绩去评估一只基金是不明智的，至少要看 1 年、3 年的业绩，成立时间较长的基金还要看 5 年以上的业绩表现。

在晨星评级中也可以看到，按 3 年、5 年的长度来对基金进行评价，其他评级机构也主要以这样的时间长度授予基金星级评价，如图 7-15 所示。

图 7-15 基金评级

所以，在对基金进行评估时，要将时间拉长到 3 年以上，通过长期业绩表现来评价一只基金。图 7-16 为一只混合基金 3 年的累计收益率走势。

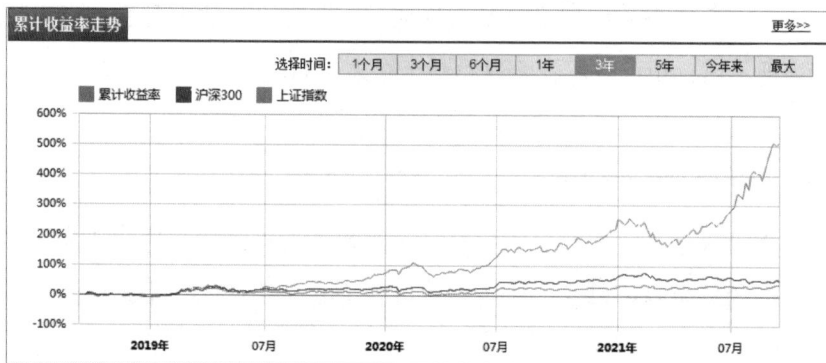

图 7-16 3 年累计收益率走势

7.4.3 认为构建组合后不需要调整

构建基金组合后就不再关注组合变化，也是很多新手投资者常犯的错误。基金组合不是固定不变的，持有后应定期进行动态调整，动态调整有以下 3 个重要作用。

①了解组合中基金的表现，调出表现不好的基金，调入优秀的基金。

②对组合风格进行再平衡，使组合与个人投资目标、风险承受能力相匹配。

③随着自身财务状况发生改变，调出不适合自己的基金，调入与自身更相符的基金。

在日常投资中，比较容易遇到的是底层基金经理变更导致主动型基金业绩出现较大波动。这时，如果该基金经理的风格与自身投资理念不相符，也要调出该基金。图 7-17 为一只混合基金的基金经理变动一览，可以看到，该基金的基金经理在 2021 年 3 月发生了较大的变化。

基金经理变动一览				
起始期	截止期	基金经理	任职期间	任职回报
2021-03-16	至今	韩	178天	89.07%
2019-11-12	2021-03-16	陈	1年又125天	98.87%
2019-03-07	2019-11-12	王 陈	250天	9.94%
2016-06-25	2019-03-07	王	2年又255天	5.02%
2015-06-02	2016-06-25	王 何	1年又24天	-0.60%

图 7-17　基金经理变动一览

再来看看该基金近 1 年的累计收益率走势，在 2021 年 3 月出现过小幅下跌，如图 7-18 所示。

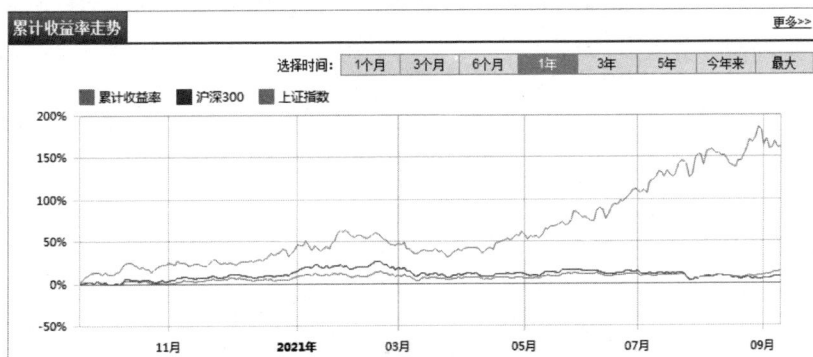

图 7-18　基金累计收益率走势

假设组合中持有了该基金，在基金经理发生变更后，投资者可以调出该基金，避免基金经理投资策略的变化影响组合业绩。当然，投资者也可以继续持有一段时间，观察基金后期表现再做决策，从图7-18中可以看出，该基金在二季度实现了大幅上涨。

在对组合进行调仓时，结合基金报告对基金进行诊断，看基金是否与自己的投资初衷发生了背离。比如偏股混合基金的股票配置由原来的90%回落到了50%甚至更低，这与积极增值投资目标发生了偏离，此时就要考虑是否替换该基金。

基金组合中大类资产配比发生变化时，也需要对组合进行调整。如原来4∶6的股债占比，变为了6∶4，这时要考虑偏离后的大类资产是否适合自己，若不适合就要对组合进行调整。

在市场极端分化的行情下，容易出现单一基金占比偏移的情况。如初期组合中一只偏股基金的占比为5%，随着该基金的大涨，占比变为了10%。此时，投资者也要考虑该基金占比是否合适，若不合适，就要进行调整。

一般来说，可以每半年或一年调整一次基金组合。若市场中有新的投资机会时，也可以对组合进行调整。但要注意一点，应避免短期频繁调整，如7天、30天就对基金进行调整。基金持有期较短会收取高额的赎回费，这会增加调仓成本。